AF438698

La mente de enjambre

Cómo la conectividad redefine el pensamiento y la sociedad

Ing. Jorge Sepúlveda Haugen

EDIQUID

La mente de enjambre
Cómo la conectividad redefine el pensamiento y la sociedad
© Ing. Jorge Sepúlveda Haugen

Editado por: Corporación Ígneo, S.A.C.
para su sello editorial Ediquid
José Olaya 169, Ofic. 504, Miraflores. Lima, Perú
Primera edición, mayo, 2025

ISBN: 978-956-6404-34-7

www.grupoigneo.com
Correo electrónico: contacto@grupoigneo.com | Teléfono: +51 955 071 270
Facebook: Grupo Ígneo | X: @editorialigneo | Instagram: @grupoigneo

Colección: Pensamiento

Contenido

Introducción

El surgimiento de la mente de enjambre

La mente de enjambre no es una simple metáfora. Es una fuerza real que define nuestra era, impulsada por la hiperconectividad digital. Modela elecciones, moviliza movimientos sociales y reconfigura el pensamiento colectivo en una escala sin precedentes. Su esencia no es nueva: la historia ha sido testigo de momentos en los que la emoción colectiva eclipsa la razón. Sin embargo, lo que distingue a la mente de enjambre moderna es su velocidad y alcance. Antes, los cambios sociales requerían décadas; hoy, un solo tuit - x puede alterar el destino de una nación.

Este escrito analiza los mecanismos que rigen la mente de enjambre, explora su impacto y propone estrategias para comprenderla y, en ciertos casos, utilizar su poder de manera consciente. ¿Podemos escapar de su influencia? ¿O estamos condenados a actuar como piezas de un sistema masivo e impredecible? Estas preguntas guiarán nuestra exploración.

En la era de la hiperconectividad, la mente de enjambre se ha convertido en uno de los fenómenos socioculturales más influyentes del siglo XXI. Como una red neuronal colectiva, este sistema responde a estímulos de forma inmediata, amplificando sentimientos y narrativas a una velocidad sin precedentes. Sin embargo, su poder no es nuevo: a lo largo de la historia, la humanidad ha manifestado patrones similares en cacerías de brujas, revoluciones ideológicas y crisis de pánico moral. La diferencia radica en la aceleración y el alcance que la tecnología ha dado a este fenómeno.

Este escrito no solo busca descifrar los mecanismos detrás de la mente de enjambre, sino también proporcionar herramientas para comprenderla, evitar sus peligros y, en algunos casos, aprovechar su capacidad de transformación social.

El pensamiento colectivo digital no es solo una idea filosófica, sino una fuerza real que impacta cada aspecto de nuestra vida: lo que creemos, lo que sentimos y cómo tomamos decisiones. En un mundo hiperconectado, nuestras opiniones no se forman en aislamiento, sino dentro de una red invisible de influencias, donde la viralidad de una idea puede convertirla en verdad sin que la cuestionemos.

La mente de enjambre es como una tormenta eléctrica: una serie de descargas individuales que, al sincronizarse, crean un fenómeno incontrolable. Cada chispa representa una emoción, un mensaje, un comentario. Por sí solas son inofensivas, pero cuando se combinan en una red de reacciones, pueden incendiar una idea y convertirla en un dogma en cuestión de horas.

Este concepto no solo es un concepto abstracto; es una fuerza colectiva tangible que moldea el pensamiento, las sensaciones y las decisiones de millones de personas en la era digital. En un mundo donde la conectividad masiva ha reducido la distancia entre las ideas y su viralización, los individuos ya no actúan de manera aislada, sino como partes interdependientes de un sistema masivo e impredecible.

La mente de enjambre es una realidad palpable que emerge cuando los individuos, conectados a través de tecnologías digitales, actúan como un solo organismo. En este marco, las decisiones y percepciones individuales se subordinan al flujo del colectivo, que puede cambiar drásticamente de dirección en cuestión de horas. Este comportamiento, tan poderoso como impredecible, plantea preguntas fundamentales: ¿qué fuerzas lo originan?, ¿qué lo motiva y sostiene?, ¿qué implicaciones tiene para la psicología individual y colectiva?

Metodología y Enfoque

Este texto combina un enfoque interdisciplinario que integra la **psicología social,** la **sociología digital** y la **ciencia de datos** para analizar el fenómeno de la mente de enjambre. Se han utilizado fuentes provenientes de estudios académicos así como análisis de casos históricos y tendencias contemporáneas.

Para examinar cómo la mente de enjambre se forma, se propaga y se disuelve, se han considerado tres niveles de análisis:

- **Nivel individual:** Factores psicológicos que predisponen a las personas a la adhesión colectiva.
- **Nivel grupal:** Dinámicas de validación, conformidad y sanción dentro del colectivo.
- **Nivel sistémico:** Influencia de algoritmos, plataformas digitales y estructuras de poder en la propagación de la mente de enjambre.

Al adoptar este marco, buscamos no solo describir el fenómeno, sino ofrecer estrategias para comprenderlo y gestionarlo en un mundo masivamente conectado.

Objetivo de la publicación

El propósito central de esta publicación, es comprender cómo surgen las dinámicas de pensamiento colectivo en nuestra sociedad moderna, con un enfoque en su volatilidad, vulnerabilidad y capacidad para moldear comportamientos extremos. Desde las cancelaciones masivas hasta la idolatría de figuras públicas, la mente de enjambre ha demostrado ser tanto una fuerza destructiva como un motor de cambio social. Sin embargo, detrás de su aparente caos, existen patrones que pueden ser analizados y, quizás, previstos.

Este análisis no se limita a criticar el fenómeno, sino que también busca entender su complejidad inherente. Al hacerlo, nos adentramos en temas fundamentales como la psicología de masas, el tribalismo digital y las estructuras de poder en la era de la información.

Al final, esta publicación no pretende ofrecer respuestas definitivas, sino herramientas para reflexionar sobre cómo navegamos en un mundo cada vez más emergentemente articulado por dinámicas colectivas.

Términos clave

Para comprender la mente de enjambre, es esencial familiarizarnos con tres conceptos fundamentales que estructuran este análisis:

- **Mente de enjambre:** una forma de pensamiento grupal altamente interconectada y reactiva, donde los impulsos y decisiones individuales son moldeadas y amplificadas por el colectivo. Este término describe una dinámica en la que el grupo actúa como un solo organismo, con poco espacio para la disidencia o el pensamiento crítico.
- **Sociedad líquida**: basado en el concepto de Zygmunt Bauman, este término describe un mundo donde las normas, valores y relaciones humanas son cambiantes, inestables y efímeras. En este contexto, las dinámicas de enjambre prosperan, ya que las personas buscan refugio en comunidades ideológicas que ofrecen certezas temporales.
- **Tribalismo digital**: el surgimiento de "tribus" ideológicas en línea, formadas no por proximidad geográfica, sino por afinidades emocionales y culturales. Estas tribus se caracterizan por una fuerte cohesión interna, una alta reactividad y una disposición a polarizarse frente a ideas externas.

Preguntas guía

Esta publicación se estructura en torno a una serie de preguntas que guiarán nuestra exploración:

¿De dónde nacen estos movimientos?

Desde las revoluciones ideológicas del pasado hasta los fenómenos virales contemporáneos, ¿qué factores históricos, tecnológicos y psicológicos han dado lugar a la mente de enjambre?

¿Qué los motiva y sostiene?

¿Es la búsqueda de identidad, la validación social o la indignación moral lo que impulsa estas dinámicas? ¿Qué papel juegan las plataformas digitales y los algoritmos en su perpetuación?

¿Cuáles son las implicaciones para la psicología individual y colectiva?

¿Cómo afecta el pensamiento de enjambre a nuestra capacidad de razonar, empatizar y tomar decisiones autónomas? ¿Qué costos pasionales y sociales acarrea para los individuos que participan en estas dinámicas?

El contexto: del tribalismo al enjambre digital

La mente de enjambre no es un fenómeno completamente nuevo. Desde tiempos antiguos, las sociedades humanas han mostrado una tendencia al pensamiento colectivo. Las cazas de brujas, las revoluciones y los movimientos religiosos extremos son ejemplos históricos de cómo las pasiones grupales pueden eclipsar la razón.

Sin embargo, lo que diferencia a la mente de enjambre moderna es su velocidad y alcance. Mientras que las dinámicas colectivas tradicionales dependían de líderes carismáticos o eventos catalizadores, las tecnologías digitales permiten que estas surjan de manera descentralizada, impulsadas por tendencias virales, hashtags y algoritmos.

El tribalismo digital, facilitado por las redes sociales, ha amplificado esta dinámica. Las comunidades en línea operan como tribus virtuales que ofrecen a sus miembros una identidad compartida, pero también exigen lealtad absoluta. En este contexto, la crítica interna es castigada, y las reglas del grupo pueden cambiar de manera repentina y arbitraria, dejando a sus integrantes en un estado constante de incertidumbre.

El atractivo y el costo del pensamiento de enjambre

¿Por qué tantas personas se sienten atraídas por estas dinámicas, a pesar de su volatilidad? La respuesta radica en las necesidades humanas fundamentales: pertenencia, propósito y validación. En un mundo donde las estructuras tradicionales, como la familia, la religión y las comunidades locales, han perdido fuerza, el pensamiento de enjambre ofrece un sentido de identidad y conexión.

Sin embargo, esta conexión tiene un costo. Al subordinarse al colectivo, los individuos a menudo pierden su capacidad de pensar críticamente, lo que los hace vulnerables a la manipulación cognitiva. Además, las reglas cambiantes del grupo generan ansiedad e inseguridad, reforzando aún más la necesidad de conformidad.

Hacia una comprensión más profunda

La mente de enjambre no es intrínsecamente buena ni mala; es un fenómeno humano que refleja tanto nuestras fortalezas como nuestras debilidades. Por un lado, muestra nuestra capacidad para organizarnos rápidamente y movilizarnos por causas comunes. Por otro, revela nuestras vulnerabilidades reaccionarias y nuestra propensión a la polarización.

Esta publicación no busca ofrecer soluciones simples, sino invitar a una reflexión profunda. ¿Cómo podemos equilibrar nuestra necesidad de conexión con nuestra capacidad de autonomía? ¿Es posible aprovechar las dinámicas de enjambre para el bien común sin sucumbir a sus excesos? Estas son las preguntas que guiarán nuestra exploración en los capítulos siguientes.

Una invitación a reflexionar

La mente de enjambre es tanto un desafío como una oportunidad. Al comprender sus orígenes, características y consecuencias, podemos empezar a responder no solo cómo funciona, sino también cómo podemos relacionarnos con ella de manera más consciente. Esta publicación es una invitación a explorar el pensamiento colectivo con una mirada crítica y compasiva, reconociendo tanto su poder como sus peligros.

En última instancia, el futuro de la mente de enjambre depende de nuestra capacidad para equilibrar lo colectivo con lo individual, lo reactivo con lo racional, y la conexión con la autonomía.

Capítulo 1
Historia y repetición del pensamiento colectivo

Introducción al pensamiento colectivo en la historia

La humanidad ha sido testigo, una y otra vez, de fenómenos en los que los individuos se subordinan a dinámicas colectivas, actuando como un solo organismo bajo impulsos irracionales y narrativas compartidas.

Estos eventos, que podemos llamar "pensamiento colectivo" o "mente de enjambre", no son nuevos. La historia está repleta de ejemplos en los que el pensamiento grupal ha eclipsado la autonomía individual, impulsando tanto cambios positivos como tragedias colectivas.

Este capítulo explora los patrones históricos de estos fenómenos, trazando paralelismos con las dinámicas modernas amplificadas por la tecnología digital. También analiza el papel de los líderes y los catalizadores que han moldeado estas dinámicas, desde figuras carismáticas hasta las herramientas algorítmicas que dominan nuestra era.

Ejemplos históricos del pensamiento colectivo

Movimientos religiosos extremos

A lo largo de la historia, los movimientos religiosos han sido uno de los terrenos más fértiles para el pensamiento colectivo extremo. Desde las Cruzadas hasta los juicios de los templarios, las conductas colectivas y la búsqueda de un propósito divino han movilizado a masas enteras. Estos movimientos suelen compartir características clave:

- **Narrativas absolutas**: una cosmovisión clara que divide el mundo en aliados y enemigos.
- **Liderazgo carismático**: figuras que personifican los ideales del grupo y concentran su poder afectivo.
- **Uniformidad ideológica**: la presión para conformarse a las creencias y prácticas del grupo.

El caso de los juicios por brujería en Europa y América en los siglos XVI y XVII es emblemático. Las comunidades se unieron bajo el miedo y la sospecha, eliminando cualquier disidencia bajo la idea de "proteger" al grupo. Este fenómeno muestra cómo las narrativas afectivas pueden superar la lógica, creando una realidad social impulsada por la paranoia colectiva.

Revoluciones ideológicas

Las grandes revoluciones, como la francesa o la rusa, son ejemplos de cómo las dinámicas colectivas pueden ser catalizadas por crisis políticas y económicas. Estos movimientos, aunque inicialmente enfocados en la justicia social, a menudo degeneraron en purgas internas y violencia, con individuos subordinados a la voluntad del colectivo.

En la Revolución Francesa, por ejemplo, la "virtud" se convirtió en un arma política. Aquellos que no demostraban lealtad absoluta a los ideales revolucionarios eran rápidamente eliminados. Este patrón se repite en otras revoluciones, donde la obsesión por la pureza ideológica lleva a una espiral de sospecha y represión.

Cazas de brujas

Uno de los ejemplos más claros de pensamiento de colmena es la caza de brujas, que combina miedo, religión y tribalismo. Estas persecuciones, que alcanzaron su apogeo en Salem y Europa durante el Renacimiento, muestran cómo las dinámicas de pánico colectivo pueden destruir comunidades enteras. Aquí, la falta de pruebas racionales fue reemplazada por rumores y acusaciones irracionales, alimentadas por líderes religiosos o políticos.

Paralelismos modernos: La aceleración del pensamiento colectivo

En la era digital, las dinámicas de pensamiento colectivo no solo persisten, sino que se han intensificado debido a la hiperconectividad de las redes sociales. Plataformas como Whatsapp, X (ex twitter), Facebook y TikTok han creado ecosistemas donde los sentimientos grupales pueden propagarse a una velocidad sin precedentes, impulsando fenómenos como cancelaciones masivas, idolatría fugaz y movimientos sociales efímeros.

Un caso emblemático de viralidad extrema ocurrió en 2021 cuando un simple video de TikTok desencadenó un boicot global contra una cadena de restaurantes, basado en acusaciones infundadas. En menos de 48 horas, millones de usuarios se sumaron a la campaña sin verificar la información, lo que llevó a pérdidas millonarias antes de que la verdad saliera a la luz. Este episodio ilustra cómo la mente de enjambre **no**

solo propaga información, sino que también **desata consecuencias tangibles en el mundo real**, alterando economías, reputaciones y políticas en cuestión de días.

El Fanatismo Religioso y la Mente de Enjambre: De la Devoción Ciega a la Erosión de la Fe Colectiva

A lo largo de la historia, la religión ha sido uno de los espacios más fértiles para el desarrollo de la mente de enjambre, donde la colectividad, el dogma y la estructura jerárquica han moldeado comportamientos, creencias y normas sociales. Sin embargo, en la era digital, el fenómeno ha experimentado una inversión significativa: las mismas dinámicas que antes reforzaban la fe inquebrantable han generado, en muchos casos, su erosión.

La conectividad global ha permitido que la información fluya sin censura institucional, lo que ha puesto en evidencia escándalos, abusos y contradicciones dentro de las jerarquías eclesiásticas, debilitando la autoridad de religiones que por siglos ejercieron control sobre millones de personas. La mente de enjambre, antes un vehículo para la propagación de la fe, se ha convertido en una herramienta de resistencia, escepticismo y desmontaje de estructuras religiosas opresivas.

El Fanatismo Religioso en la Historia: La Mente Colectiva como Motor de Dominación

Desde la antigüedad, la religión ha sido un pilar central en la organización de las sociedades humanas, tanto como fuente de cohesión como de control. En este contexto, la mente de enjambre ha operado de varias maneras:

Uniformidad de Creencias

La religión ha exigido históricamente **adhesión total a dogmas**, castigando la disidencia con la exclusión, el destierro o la muerte.

- **Ejemplo:** La Santa Inquisición estableció tribunales para identificar y castigar herejías, apoyándose en la histeria colectiva.

Sacralización del Líder

Las figuras religiosas han sido percibidas como representantes de lo divino, eliminando la posibilidad de cuestionamiento.

- **Ejemplo:** Los papas medievales y los ayatolás islámicos han concentrado poder absoluto sobre sus fieles.

Exclusión del Disidente

Las religiones han impulsado **cacerías de brujas y persecuciones** contra aquellos que desafían su autoridad.

- **Ejemplo:** La Reforma Protestante desencadenó guerras en Europa cuando Lutero desafió el monopolio de la Iglesia Católica.

Manipulación del Miedo y la Culpa

Se ha inculcado la idea de castigos eternos para quienes no sigan las normas impuestas.

- **Ejemplo:** En el calvinismo, la predestinación generaba un control social basado en el miedo al infierno.

Expansión de la Fe por Inercia Social

La pertenencia a una religión no solo era una cuestión de fe, sino de identidad social y política.

- **Ejemplo:** El Imperio Otomano utilizó el Islam como mecanismo de cohesión territorial.

En cada una de estas dinámicas, la mente de enjambre reforzaba la devoción, impidiendo el pensamiento crítico y garantizando la perpetuación de estructuras de poder clericales.

La Inversión del Fenómeno: La Mente de Enjambre como Disolución de la Fe

En el siglo XXI, la mente de enjambre ha cambiado de dirección. En lugar de fortalecer la fe incondicional, ha servido para desmantelar la confianza en las instituciones religiosas. Este giro se ha dado por varios factores:

Transparencia Informativa y Desenmascaramiento de Abusos

La difusión masiva de escándalos eclesiásticos ha reducido la credibilidad de las religiones organizadas.

- **Ejemplo:** El caso de abusos sexuales dentro de la Iglesia Católica, destapado en parte por investigaciones digitales y denuncias virales.

El Fin del Monopolio Religioso sobre la Moral

La mente de enjambre ha permitido que nuevos valores, como el secularismo, la ética laica y los derechos humanos, desafíen el rol de la religión en la sociedad.

- **Ejemplo:** El crecimiento del ateísmo en sociedades antes profundamente católicas, como España e Irlanda.

La Cultura de la Cancelación Contra Líderes Religiosos

Los algoritmos y la hiperconectividad han hecho posible escraches digitales y boicots contra figuras religiosas cuestionadas.

- **Ejemplo:** En 2018, el Papa Francisco enfrentó presión global en redes sociales para que tomara medidas más drásticas contra el encubrimiento de abusos clericales.

La Descentralización de la Espiritualidad

El acceso a múltiples perspectivas ha permitido que las personas exploren alternativas espirituales fuera de la religión tradicional.

- **Ejemplo:** El auge del budismo secular, la meditación y el deísmo sin afiliación eclesiástica.

La Viralización de Casos de Hipocresía Religiosa

Antiguamente, los escándalos religiosos podían ocultarse mediante la censura de la Iglesia y el Estado. Hoy, la viralización inmediata hace imposible encubrir casos de corrupción y abuso.

- **Ejemplo:** Los escándalos de telepredicadores evangélicos, quienes acumulan fortunas mientras predican humildad.

Redes Sociales y la Erosión de la Autoridad Religiosa

Las redes sociales han actuado como un campo de batalla entre el pensamiento religioso tradicional y la mente de enjambre digital. Estas son las dinámicas más evidentes:

El Algoritmo como Arma contra la Religión

Plataformas como Twitter y YouTube priorizan contenido que genera indignación y polarización, lo que ha amplificado las denuncias contra la religión.
- **Ejemplo:** Los debates sobre los abusos de la Iglesia han alcanzado mayor viralidad que las iniciativas de evangelización.

El Meme como Herramienta de Desacralización

Los memes han sido utilizados para ridiculizar dogmas religiosos, socavando su autoridad simbólica.
- **Ejemplo:** La viralización de imágenes humorísticas sobre la incoherencia de figuras religiosas ha reducido su influencia sobre las generaciones más jóvenes.

Testimonios Virales de Ex Creyentes

Las historias de personas que han abandonado la fe se han convertido en un fenómeno viral, generando un efecto dominó en comunidades religiosas.
- **Ejemplo:** Movimientos como "Exvangelicals" han crecido en redes sociales, denunciando los traumas de la educación religiosa extrema.

Desafíos Virales a la Doctrina Religiosa

En TikTok y YouTube, creadores de contenido han desmontado argumentos religiosos con herramientas racionales, exponiendo contradicciones en la doctrina.

– **Ejemplo:** Videos explicando la falsificación de textos bíblicos han alcanzado millones de vistas, erosionando la confianza en la narrativa tradicional.

Grupos de Debate en Línea vs. Estructuras Dogmáticas

Mientras antes las creencias religiosas se transmitían unidireccionalmente (de sacerdotes a fieles), hoy cualquier persona puede cuestionar públicamente el dogma sin temor a represalias.

– **Ejemplo:** Foros ateos y secularistas han promovido debates abiertos, ofreciendo contraargumentos accesibles a creyentes en crisis.

Así como en el pasado la mente de enjambre fue utilizada para expandir la fe, hoy está funcionando como un catalizador de escepticismo, transparencia y secularización. El desafío para las religiones tradicionales no será solo sobrevivir en un mundo hiperconectado, sino redefinir su propósito en una era donde el acceso a la verdad ya no depende de la autoridad clerical.

Partidos Políticos, Fanatismo Colectivo y Procesos de Idolatría en Chile

En Chile, los partidos políticos han sido históricamente centros de articulación ideológica y representación ciudadana. Sin embargo, en la era de la hiperconectividad, su rol ha evolucionado hacia una estructura más líquida y reactiva, donde el fanatismo colectivo y la mente de enjambre se han convertido en motores fundamentales de la movilización política.

Este fenómeno se hace especialmente evidente en períodos electorales, en la defensa de proyectos de ley emblemáticos y en los procesos judiciales que involucran a figuras políticas.

La Idolatría Política en la Era Digital

Las redes sociales han transformado el liderazgo político en Chile, otorgando a los líderes una presencia omnipresente y amplificando sus discursos a través de burbujas ideológicas. A medida que la mente de enjambre se afianza, el debate político deja de ser racional y se convierte en un fenómeno emocional, donde los seguidores de un líder desarrollan una lealtad incondicional, similar a la adoración religiosa.

Este tipo de fanatismo no solo se observa en movimientos de izquierda o derecha, sino en todos los sectores del espectro político. Desde la figura de Salvador Allende, cuya imagen sigue generando adhesión más allá de su contexto histórico, hasta el surgimiento de nuevos liderazgos como José Antonio Kast o Gabriel Boric, la idolatría política chilena se nutre de la necesidad de encontrar figuras que personifiquen una lucha, una causa o un ideal.

La mente de enjambre en este contexto se manifiesta de las siguientes formas:

- **Blindaje moral de los líderes:** Se rechazan críticas internas y se ataca a cualquier opositor como "traidor" o "vendido".

- **Amplificación de la polarización:** Los debates se reducen a consignas y se eliminan los matices ideológicos.
- **Culto a la personalidad:** La narrativa del líder se convierte en la única verdad válida dentro del grupo, reforzada por redes sociales y medios afines.
- **Cancelación de disidencias:** La mínima desviación de la doctrina oficial del partido puede llevar a la marginación de sus miembros.

Períodos Electorales: De la Racionalidad al Estallido Emocional

Durante las campañas electorales, la mente de enjambre opera a máxima intensidad. El electorado no solo se enfrenta a una oferta programática, sino a una batalla emocional donde el candidato se convierte en un símbolo de redención o condena.

En las elecciones recientes de Chile se ha observado:

- **Guerra de narrativas:** Los candidatos no solo se disputan votos, sino la construcción de relatos sobre el país. La derecha habla del orden y la seguridad; la izquierda, de justicia y equidad. Cada sector refuerza sus propios sesgos, amplificados por algoritmos que suprimen la exposición a opiniones contrarias.
- **Ataques coordinados en redes:** La polarización digital crea entornos donde el adversario

es demonizado. Se intensifican campañas de desinformación y linchamientos mediáticos.

- **La ilusión de consenso:** La mente de enjambre genera la percepción de que una idea es mayoritaria cuando, en realidad, las redes sociales solo refuerzan el pensamiento grupal de comunidades cerradas.

El resultado es que, al finalizar los comicios, las expectativas creadas por la idolatría política colapsan ante la realidad, llevando a la frustración y desilusión de quienes idealizaron a su candidato como un salvador absoluto.

Proyectos de Ley Emblemáticos y su Carga Emocional

Otro aspecto donde el fanatismo político se manifiesta con fuerza en Chile es en la tramitación de proyectos de ley emblemáticos. Reformas sobre pensiones, aborto, seguridad o educación generan un nivel de movilización comparable al de campañas presidenciales, donde los sectores involucrados actúan en base a lealtades tribales.

- **Ejemplo recientes:**

  - **Reforma de Pensiones:** Ha sido objeto de una intensa lucha ideológica, donde cualquier propuesta ajena a la del propio sector es desechada de inmediato.
  - **Nueva Constitución:** La mente de enjambre ha generado un ambiente donde los partidarios de

cambios estructurales y quienes defienden el *statu quo* se ven como enemigos irreconciliables.

- **Seguridad Pública:** Los debates sobre control migratorio y narcotráfico han creado bandos extremos donde la narrativa populista se impone sobre las soluciones técnicas.

En estos escenarios, los proyectos de ley dejan de ser evaluados por su mérito técnico y pasan a ser símbolos de victoria o derrota política, perpetuando la parálisis legislativa.

Procesos Judiciales: El Blindaje de los Líderes

Cuando figuras políticas enfrentan procesos judiciales, la mente de enjambre se activa para su defensa o condena. Casos como la corrupción en el financiamiento de campañas, delitos asociados a figuras del Congreso, o imputaciones contra expresidentes han desatado dinámicas donde los hechos pasan a un segundo plano y la lealtad ideológica define la percepción pública.

Los patrones en estos casos incluyen:

- **Narrativa de persecución:** Para los seguidores del líder afectado, el caso judicial no es un proceso legal legítimo, sino una persecución política de sus adversarios.
- **Normalización de la corrupción:** Se minimizan o justifican delitos dependiendo de quién los haya cometido, aplicando un doble estándar en la opinión pública.

- **Descalificación de la justicia:** Se desacredita a los jueces o fiscales como parte de una conspiración política, erosionando la confianza en las instituciones.

Casos recientes como los de Daniel Jadue en Santiago, Jorge Sharp en Valparaíso, las investigaciones contra Michelle Bachelet por el Caso Caval, o las polémicas judiciales de Sebastián Piñera han mostrado cómo la mente de enjambre impide un juicio racional de los hechos.

El poder de la viralidad

- **Dinámica de la amplificación**: lo que antes requería semanas o meses para movilizar a una comunidad, ahora ocurre en cuestión de horas gracias a los algoritmos que priorizan el contenido pasionalmente cargado.
- **Polarización digital**: las plataformas digitales fomentan la creación de burbujas ideológicas donde las personas solo interactúan con ideas que refuerzan sus creencias, exacerbando el pensamiento grupal.

Cancelación y redención en línea

Un ejemplo moderno de pensamiento de enjambre es el fenómeno de la "cancelación". Aquí, las comunidades en línea coordinan esfuerzos para atacar a individuos o instituciones percibidas como ofensivas o moralmente incorrectas.

Al igual que en las cazas de brujas, estas dinámicas suelen carecer de un proceso racional y se basan en rápidos juicios arrebatados. Sin embargo, estas mismas comunidades también pueden redimir a sus víctimas si surge una narrativa que les beneficia.

El rol de los líderes y "catalizadores"

Figuras carismáticas

En los movimientos históricos, los líderes carismáticos han jugado un papel central al articular las pasiones del grupo y canalizarlas hacia un objetivo común. Desde Robespierre en la Revolución Francesa hasta líderes religiosos como Savonarola en el Renacimiento, estas figuras actúan como catalizadores inductivos.

Catalizadores digitales: algoritmos y plataformas

En la era moderna, los líderes tradicionales han sido reemplazados, en muchos casos, por los algoritmos de las redes sociales. Estas herramientas no tienen intenciones propias, pero amplifican ciertos comportamientos al priorizar contenido que genera interacciones pasionalmente atractivas e irracionales. Esto transforma las plataformas en los nuevos "líderes" de la mente de enjambre, guiando la atención colectiva hacia ciertos temas o individuos.

Hashtags y movimientos virales: los *hashtags* actúan como banderas ideológicas que unen a comunidades en torno a una causa. Un ejemplo es el movimiento #MeToo, que expuso dinámicas de abuso sistémico, pero también mostró cómo las narrativas pueden ser manipuladas o fragmentadas.

Reflexión sociológica: un fenómeno recurrente e intensificado

La mente de enjambre es un fenómeno recurrente en la historia humana, pero la tecnología moderna ha intensificado su alcance y velocidad. Esto plantea preguntas importantes:

¿Qué ha cambiado?
Antes, el pensamiento colectivo dependía de estructuras físicas, como asambleas o rituales. Ahora, las conexiones digitales permiten una movilización instantánea, reduciendo las barreras geográficas y temporales.

¿Qué sigue siendo igual?
Los sentimientos humanos, como el miedo, la indignación y la esperanza, siguen siendo los motores principales. Aunque los contextos cambian, la psicología básica detrás del pensamiento colectivo permanece constante.

Lecciones de la historia
Entender los patrones históricos puede ayudarnos a navegar las dinámicas modernas con mayor claridad. Si bien la tecnología amplifica el alcance del pensamiento de enjambre, también ofrece herramientas para contrarrestarlo, como el acceso a información diversa y la posibilidad de crear espacios de diálogo crítico.

Reflexión: El equilibrio entre lo colectivo y lo individual

La mente de enjambre es tanto una amenaza como una oportunidad. Por un lado, muestra nuestra capacidad para actuar colectivamente y movilizarnos por causas importantes. Por otro, revela nuestras vulnerabilidades irracionales y nuestra propensión a la polarización. Navegar estas dinámicas requiere un equilibrio entre la conexión colectiva y la autonomía individual, fomentando una cultura que valore tanto la solidaridad como el pensamiento crítico. Solo así podremos aprovechar el poder de la mente de enjambre sin sucumbir a sus excesos.

Este fenómeno no solo refuerza la polarización digital, sino que crea una paradoja: cuanto más conectados estamos, menos nos exponemos a opiniones contrarias. Al operar en comunidades cerradas que refuerzan nuestras creencias, la mente de enjambre no solo se fortalece, sino que se radicaliza, convirtiendo la discrepancia en una amenaza y la conformidad en un requisito de pertenencia.

Resumen del capítulo

A lo largo de la historia, la mente de enjambre ha sido una fuerza determinante en el comportamiento colectivo, manifestándose en momentos de fervor ideológico, persecuciones y cambios radicales en la sociedad. Sin embargo, la era digital ha elevado su impacto a niveles sin precedentes.

Desde las cazas de brujas en la Edad Media hasta las grandes revoluciones políticas, el pensamiento grupal ha dictado la dirección de acontecimientos que han transformado civilizaciones enteras.

Hoy, la interconectividad de las redes sociales y la influencia de los algoritmos han convertido este fenómeno en una dinámica más rápida, intensa y omnipresente. La viralidad digital amplifica conductas colectivas, refuerza narrativas polarizadas y desencadena reacciones masivas en cuestión de horas, moldeando opiniones y reconfigurando estructuras de poder.

Comprender estos patrones no solo nos permite interpretar con mayor claridad los mecanismos que rigen la mente de enjambre, sino que también nos otorga herramientas para navegar en un mundo donde la presión grupal y la polarización digital están cada vez más presentes. El desafío no es erradicar este fenómeno, sino aprender a reconocerlo, analizarlo y reducir sus efectos negativos para fomentar una sociedad más crítica y reflexiva.

Capítulo 2
Características de la mente de enjambre

Introducción:
Entendiendo la estructura de la mente de enjambre

La mente de enjambre, como una expresión del pensamiento colectivo en la era digital, se caracteriza por patrones que definen su funcionamiento y efecto en la sociedad. Sus elementos esenciales, como la conectividad extrema, la alta emocionalidad colectiva y la necesidad de validación, forman un sistema dinámico que amplifica las irracionalidades y diluye el pensamiento crítico.

Además, su naturaleza volátil y contradictoria, junto con su capacidad para actuar como un "virus cultural", la convierte en un fenómeno único y poderoso. Este capítulo explora estas características y reflexiona sobre cómo moldean las dinámicas sociales y psicológicas contemporáneas.

La influencia del pensamiento de enjambre se puede ver en situaciones simples, como la opinión sobre una nueva película. Si una tendencia en redes sociales sugiere que una película es "imperdible", muchas personas la defenderán sin haberla visto, mientras que otras la rechazarán solo por ir en contra del grupo. Esta reacción refleja cómo la validación social y la presión grupal moldean nuestras percepciones, a menudo sin que nos demos cuenta.

Por ejemplo:

1. **Paso 1:** Un individuo se expone a una tendencia viral en redes sociales.
2. **Paso 2:** Su círculo social refuerza la narrativa mediante comparticiones y comentarios.
3. **Paso 3:** La validación emocional impulsa la amplificación del mensaje.
4. **Paso 4:** Se generan respuestas extremas (apoyo incondicional o rechazo total).
5. **Paso 5:** Se establece un nuevo consenso colectivo o se abandona el tema por una nueva tendencia.

La mente de enjambre no solo conecta a las personas, sino que las moldea. Se alimenta de sentimientos intensos, refuerza narrativas dominantes y castiga la disidencia. Su fuerza radica en la validación colectiva, su debilidad en su extrema volatilidad. ¿Es posible escapar de su influjo? Solo aquellos que cultiven una mente crítica podrán desafiar su poder.

Elementos esenciales de la mente de enjambre

Conectividad extrema

La mente de enjambre es una consecuencia directa de la hiperconectividad que define nuestra era. Las redes sociales, plataformas digitales y tecnologías móviles han creado un entorno donde las ideas y sentimientos pueden propagarse a una velocidad sin precedentes. Este fenómeno permite que grandes grupos de personas actúen de manera coordinada, como un organismo único.

- **Impacto en el individuo**: la conectividad extrema no solo facilita la comunicación, sino que también diluye las barreras entre lo público y lo privado. Las personas están constantemente expuestas a narrativas dominantes, lo que las presiona a adaptarse rápidamente a las normas del grupo.
- **Dinámicas grupales**: la interconexión permite que los colectivos actúen con una sincronización casi instantánea, amplificando tanto el apoyo como la hostilidad hacia individuos, ideas o movimientos.

Alta reactividad colectiva

Uno de los pilares de la mente de enjambre es la alta carga sentimental que caracteriza sus interacciones. Las redes sociales amplifican estas pasiones, ya que los contenidos más compartidos suelen ser aquellos que evocan respuestas intensas, como la ira, el miedo o la euforia.

- **Reacción emocional vs. razonamiento**: en lugar de fomentar debates racionales, la mente de enjambre opera en un nivel visceral, donde las decisiones se toman en función de sentimientos colectivos.

- **Ejemplos contemporáneos**: movimientos como #NiUnaMenos o las cancelaciones masivas muestran cómo la pasión colectiva puede movilizar a miles de personas en cuestión de horas, pero también cómo esta intensidad puede generar excesos.

Necesidad de validación y pertenencia

En un mundo donde las estructuras tradicionales de identidad, como la familia o la religión, han perdido peso, las personas buscan validación en comunidades en línea. La mente de enjambre ofrece un sentido de pertenencia, pero también exige conformidad.

- **La presión del colectivo**: para pertenecer a la comunidad, los individuos deben demostrar su lealtad a través de actos visibles, como publicaciones, comentarios o denuncias. Esta dinámica refuerza el pensamiento de colmena y desalienta la disidencia.
- **Riesgos individuales**: la necesidad de validación puede llevar a comportamientos extremos, desde la adopción de ideologías radicales hasta cambios físicos o ideológicos drásticos, todo para ganar la aceptación del grupo.

Volatilidad y contradicción

La mente de enjambre es intrínsecamente volátil. Puede pasar de odiar a idolatrar a una figura o movimiento en cuestión de días. Esta característica, que puede parecer irracional, se explica por su dependencia de narrativas emocionales y por la adaptabilidad de sus reglas internas.

Cómo una comunidad puede odiar y luego amar al mismo individuo

El efecto "péndulo pasional" es una de las manifestaciones más evidentes de la mente de enjambre. Las comunidades en línea, impulsadas por la viralidad y la amplificación emocional, pueden destruir la reputación de una persona y, poco después, reconstruirla.

- **Ejemplo de redención pública**: figuras canceladas que luego son perdonadas o incluso idolatradas muestran cómo el colectivo puede reconfigurar su narrativa en función de nuevos relatos anímicos o intereses.

Causas subyacentes: la falta de memoria colectiva, combinada con la necesidad de encontrar nuevos héroes o villanos, alimenta esta volatilidad.

La adaptabilidad de las reglas dentro de movimientos como el woke

Los movimientos como el *woke* (*ideología autosintiente liquida*) destacan por su capacidad de redefinir constantemente sus normas. Esta adaptabilidad, aunque les permite mantenerse relevantes, también genera confusión y alienación.

- **Ejemplo de cambio normativo**: un término o comportamiento aceptado en un momento puede ser rechazado al siguiente, dependiendo de la evolución de la narrativa del movimiento.

Impacto en los individuos: esta constante redefinición de reglas obliga a los miembros del grupo a estar siempre alerta, lo que genera ansiedad y refuerza la necesidad de conformidad.

El "virus cultural" de la mente de enjambre

La mente de enjambre actúa como un "virus cultural", propagándose a través de las vulnerabilidades humanas, como la inseguridad social, el vacío existencial y la necesidad de pertenencia. Este fenómeno no solo explica su alcance, sino también su capacidad para transformar sociedades enteras.

Cómo se propaga

El virus cultural se propaga utilizando las mismas herramientas que facilitan la conectividad: las redes sociales, los algoritmos y las dinámicas de viralidad. Estos mecanismos aseguran que las pasiones y narrativas colectivas lleguen rápidamente a un gran número de personas.

Puntos de entrada: las personas más vulnerables a este "virus" suelen ser aquellas que buscan validación externa o que carecen de un fuerte sentido de identidad.

Patrones de expansión: al igual que un virus biológico, el pensamiento de enjambre se propaga a través de redes densas, donde cada individuo actúa como un portador que amplifica el mensaje.

Explotación de vulnerabilidades humanas

La mente de enjambre explota varias debilidades inherentes a la condición humana:

- **Inseguridad social**: en un mundo donde las conexiones tradicionales están debilitadas, la mente de enjambre ofrece una ilusión de comunidad y propósito.

- **Vacío existencial**: para muchos, participar en dinámicas de enjambre es una forma de llenar el vacío dejado por la falta de sentido o dirección en la vida.
- **Búsqueda de identidad**: al unirse a una comunidad de enjambre, los individuos sienten que forman parte de algo más grande, lo que refuerza su sentido de pertenencia.

Reflexiones
Equilibrando lo colectivo y lo individual

La mente de enjambre es un fenómeno que refleja tanto las fortalezas como las debilidades de la humanidad. Por un lado, muestra nuestra capacidad para conectarnos, movilizarnos y actuar colectivamente. Por otro, revela nuestras vulnerabilidades cognitivas y nuestra propensión a la conformidad.

Para navegar en un mundo dominado por dinámicas de enjambre, es esencial fomentar la autonomía individual y el pensamiento crítico, sin perder de vista la importancia de la conexión colectiva. Solo al equilibrar estas fuerzas podremos aprovechar el poder de la mente de enjambre para el bien común, sin sucumbir a sus excesos.

La mente de enjambre se distingue por su hiperconectividad, que permite la rápida propagación de ideas y conceptos a nivel global. Su alta carga pasional reemplaza el razonamiento crítico con respuestas instintivas, amplificando la polarización.

También se caracteriza por su necesidad de validación, impulsando a las personas a buscar aceptación dentro del colectivo, lo que refuerza la conformidad y desincentiva la disidencia. Su volatilidad la hace impredecible, permitiendo que las narrativas cambien abruptamente.

Finalmente, la mente de enjambre funciona como un "virus cultural", explotando vulnerabilidades humanas como la inseguridad social y la necesidad de pertenencia.

Capítulo 3
Vulnerabilidad psicológica y sociológica

Introducción: El costo humano de la mente de enjambre

El pensamiento colectivo, aunque poderoso, tiene raíces profundamente ancladas en la psicología individual y en las estructuras sociológicas. La mente de enjambre se alimenta de las vulnerabilidades humanas: desde la necesidad de validación y pertenencia hasta la fragmentación de las comunidades tradicionales.

Este capítulo examina los factores individuales y colectivos que hacen a las personas y sociedades susceptibles a la mente de enjambre, analizando cómo estas dinámicas moldean identidades y comportamientos extremos.

Factores individuales: El papel de la autoestima y la conformidad

Baja autoestima y necesidad de validación externa
La baja autoestima actúa como un punto de entrada para la mente de enjambre, ya que quienes carecen de un sentido sólido de valor personal suelen buscar validación externa en comunidades que ofrecen identidad y propósito.

La búsqueda de refugio emocional: las comunidades digitales prometen aceptación, siempre que los individuos cumplan con las reglas y narrativas del grupo.

Esto genera un círculo de dependencia, donde la validación del colectivo reemplaza la autoaceptación.

 – **Ejemplo aplicado:** Un estudio realizado en 2021 sobre comportamiento en redes sociales mostró que el 78 % de los usuarios de Twitter cambiaron su opinión en menos de 48 horas al notar que su postura era minoritaria en una discusión viral. Este efecto demuestra cómo la mente de enjambre influye en la modificación de creencias individuales para alinearse con el consenso digital, incluso si las personas originalmente tenían una postura diferente.

Otro caso notable es el fenómeno de las "reacciones en cadena" en cancelaciones públicas". En muchas ocasiones, un individuo es criticado inicialmente por un comentario aislado, pero conforme la indignación colectiva crece, miles de personas se suman a la condena sin verificar los hechos, generando un castigo desproporcionado.

Investigaciones de la Universidad de Stanford y el MIT han demostrado que la información emocionalmente cargada se difunde hasta seis veces más rápido en redes sociales que los hechos verificables.

Este fenómeno, conocido como 'amplificación de la indignación', es un mecanismo clave en la mente de enjambre digital. La viralidad no está determinada por la veracidad, sino por el impacto emocional que genera en el colectivo. Esta dinámica ha sido utilizada estratégicamente en campañas políticas y comerciales, evidenciando cómo los algoritmos pueden intensificar la polarización.

El refuerzo emocional en redes sociales: los "likes", comentarios y compartidos actúan como pequeñas dosis de dopamina, creando un sistema de recompensa inmediato que refuerza la conformidad con las expectativas del grupo.

Tendencia a la conformidad para evitar la exclusión
El miedo a la exclusión social es un motor clave del pensamiento grupal. La mente de enjambre aprovecha esta tendencia natural para exigir lealtad incondicional y castigar la disidencia.

El costo de la disidencia: en la era digital, la exclusión no solo es social, sino pública. Los "escraches" o cancelaciones refuerzan el temor al ostracismo, obligando a los individuos a alinearse con la narrativa dominante, incluso si va en contra de sus valores personales.

El fenómeno de la autocensura: muchas personas optan por reprimir sus opiniones auténticas para evitar conflictos, lo que refuerza el pensamiento homogéneo dentro del grupo.

Factores colectivos: fragmentación y sobrecarga de información

La fragmentación de comunidades tradicionales
La disolución de las estructuras tradicionales, como la familia, la religión y las comunidades locales, ha dejado un vacío en términos de identidad y pertenencia. En este contexto, los movimientos colectivos digitales llenan este vacío, ofreciendo una narrativa unificadora.

La pérdida de anclajes emocionales: las generaciones más jóvenes, en particular, han crecido en un entorno donde las instituciones tradicionales han perdido credibilidad, dejando espacio para tribus digitales que prometen un sentido de propósito.

La necesidad de nuevos rituales: en ausencia de los rituales tradicionales que solían reforzar la identidad colectiva, los hashtags, las campañas virales y las acciones simbólicas en redes sociales se han convertido en nuevos rituales.

Exceso de información y desinformación

La sobrecarga de información en la era digital ha generado una paradoja: aunque tenemos acceso a más conocimiento que nunca, muchas personas son incapaces de procesarlo de manera crítica. Esto hace que sean más susceptibles a narrativas simplificadas y emocionales.

El sesgo de confirmación amplificado: las redes sociales refuerzan las creencias preexistentes, creando burbujas de información que dificultan el pensamiento crítico.

La ansiedad informativa: la constante exposición a noticias, reales o falsas, genera un estado de alerta que predispone a las personas a buscar certezas rápidas en movimientos colectivos.

Un ejemplo contundente de la velocidad y fuerza de la mente de enjambre ocurrió en 2021 con el caso de GameStop en Wall Street. Un grupo de usuarios de Reddit organizó una compra masiva de acciones de la compañía para desafiar a los grandes inversionistas que apostaban contra ella.

En solo unos días, esta iniciativa pasó de ser una conversación en foros a un fenómeno financiero global, donde miles de personas invirtieron sin entender los riesgos, impulsadas por la narrativa de una 'revolución digital'.

Este episodio no solo demostró cómo una idea puede escalar hasta desafiar a instituciones establecidas, sino que también reflejó el lado peligroso de la mente de enjambre: cuando la emoción colectiva domina la razón, las decisiones individuales se diluyen en la ola de entusiasmo, dejando a muchos sin evaluar las consecuencias.

Efectos en la identidad: la transformación del yo en el colectivo

El moldeado de la identidad personal

La mente de enjambre no solo exige conformidad; también reconfigura las identidades individuales. Los miembros de estas comunidades adoptan nuevos valores, símbolos y comportamientos que refuerzan su lealtad al grupo.

- **Identidades fluidas y efímeras**: en un contexto de constante cambio, las personas moldean sus identidades según las demandas del colectivo, lo que lleva a una falta de consistencia personal.
- **La transformación a través de lo físico**: en casos extremos, esta conformidad se manifiesta en cambios físicos, como modificaciones corporales o estéticas que reflejan la pertenencia al grupo.

Cambios ideológicos radicales

El pensamiento colectivo puede llevar a transformaciones ideológicas profundas, donde los individuos abrazan creencias y actitudes que antes les habrían parecido inaceptables.

- **El efecto "puerta abierta"**: una vez que los individuos aceptan pequeñas concesiones ideológicas, es más probable que adopten posturas más extremas, ya que el rechazo implicaría cuestionar decisiones pasadas.
- **La internalización de narrativas del grupo**: con el tiempo, las narrativas del colectivo se convierten en parte del sistema de creencias del individuo, reforzando su lealtad y cerrando las puertas al cuestionamiento.

– **Ejemplo aplicado:** En 2017, un experimento realizado en Facebook mostró que los usuarios eran tres veces más propensos a compartir información que coincidía con sus creencias previas, sin verificar la fuente. Este fenómeno se evidenció en la propagación de noticias falsas sobre eventos políticos, lo que reforzó sesgos grupales y polarización.

Otro caso relevante ocurrió en 2020 con la controversia sobre el uso de mascarillas durante la pandemia. Grupos ideológicos opuestos adoptaron posturas extremas basadas en validación social en lugar de evidencia científica, demostrando cómo la mente de enjambre puede manipular la percepción del riesgo.

Reflexiones
Equilibrar lo personal y lo colectivo

La mente de enjambre se nutre de factores psicológicos individuales como la baja autoestima y la búsqueda de validación externa. Quienes carecen de identidad propia son más propensos a adoptar sus dinámicas.

En el ámbito colectivo, la fragmentación de las comunidades tradicionales ha dejado un vacío que los movimientos digitales han llenado, ofreciendo identidad y propósito. Sin embargo, esta integración viene acompañada de reglas estrictas y una fuerte presión para la conformidad.

La sobrecarga informativa y la desinformación refuerzan estas dinámicas, reduciendo el pensamiento crítico y exacerbando la ansiedad social. La mente de enjambre moldea las identidades, transformando ideologías y comportamientos para alinearlos con el grupo.

La vulnerabilidad psicológica y sociológica que alimenta la mente de enjambre es un reflejo de nuestras necesidades humanas más fundamentales: pertenencia, identidad y propósito. Sin embargo, la subordinación ciega al colectivo puede tener un costo elevado para la autonomía personal y el bienestar social.

- **La importancia de fortalecer la autoestima**: la educación emocional y el desarrollo de habilidades críticas son esenciales para resistir la presión del pensamiento grupal.

- **Fomentar comunidades auténticas**: la re-construcción de comunidades que valoren tanto la conexión colectiva como la diversidad individual puede ofrecer un refugio frente a las dinámicas tóxicas de la mente de enjambre.
- **Promover la alfabetización mediática**: en un mundo inundado de información, aprender a evaluar críticamente las narrativas es crucial para navegar las complejidades de la era digital.

Este equilibrio no solo es posible, sino necesario para aprovechar los aspectos positivos de la mente de enjambre mientras se mitigan sus efectos negativos. Al final, el desafío radica en encontrar formas de pertenencia que respeten la individualidad y la autonomía intelectual.

Capítulo 4
El movimiento woke como caso de estudio

El movimiento woke representa un caso fascinante de cómo una corriente ideológica puede evolucionar de un llamado a la equidad a una estructura rígida de validación moral. En su intento de redefinir lo aceptable, ha generado tanto avances en representación como nuevas formas de exclusión.

Su impacto en la cultura contemporánea es innegable, pero deja abierta una pregunta crucial: ¿hasta qué punto un movimiento social puede sostenerse sin caer en las mismas dinámicas que alguna vez criticó?

De la justicia social al tribalismo digital

El movimiento *woke*, nacido de la lucha por la justicia social de la raza afroamericana en los años 50, ha evolucionado hasta convertirse en un fenómeno global que desafía las estructuras tradicionales, redefine normas sociales y genera intensos debates.

Sin embargo, su dinamismo también lo ha transformado en un ejemplo paradigmático de la mente de enjambre, donde la búsqueda de equidad convive con dinámicas de exclusión y cancelación.

Este capítulo explora los orígenes, dinámicas internas y similitudes con religiones extremas, así como su impacto en la sociedad, planteando si el *woke* es una tendencia transitoria o un cambio estructural.

Impactos positivos del movimiento woke

A pesar de sus desafíos, el movimiento *woke* ha visibilizado problemas estructurales que antes eran ignorados. Por ejemplo, ha promovido conversaciones globales sobre la equidad de género y la representación de minorías en los medios, permitiendo avances significativos en inclusión laboral y social.

Un caso concreto fue la reforma en industrias como el cine y la publicidad, donde se ha buscado mayor diversidad en los elencos y narrativas. También ha impulsado cambios en legislación laboral, como leyes contra la discriminación en el trabajo. Si bien el debate sobre sus métodos continúa, su capacidad para generar impacto social es innegable.

Orígenes y evolución del movimiento woke

El inicio como una lucha legítima
El término *woke* cuyo propósito y significado en español, implicaba estar despierto ante las injusticias raciales frente al ciudadano afroamericano de Estados Unidos, en sus primeras etapas, fue un llamado a la conciencia y acción para enfrentar inequidades y discriminación profundamente arraigadas en las estructuras sociales.

Movimientos clave: la lucha por los derechos civiles en las décadas de 1950 y 1970 sentó las bases para esta conciencia. Décadas después, movimientos como *Black Lives Matter,* fruto del abuso policial a ciudadanos afroamericanos, *r*evitalizaron el concepto, adaptándolo a la era digital.

Globalización del concepto: Con el tiempo, *woke* trascendió sus raíces, abarcando temas como género, medio ambiente y derechos LGBTQ+, y todo aquello considerado en la nueva ideología autosintiente y de sensibilidad liquida ambigua, transformándose en una narrativa global gracias a la conectividad digital.

El movimiento *woke* ha sido un **catalizador de cambios** en materia de justicia social, pero también ha generado tensiones al **redefinir constantemente sus normas**. En su evolución, ha pasado de ser un llamado a la conciencia social a una estructura con dinámicas de exclusión y validación moral, donde la presión por la pureza ideológica ha derivado en una cultura de cancelación que limita el debate.

El movimiento *woke*, en su evolución, ha desarrollado dinámicas de exclusión similares a otros movimientos históricos, donde la adhesión al grupo se convierte en un factor clave de pertenencia.

Al igual que en otros episodios de pensamiento colectivo, la presión para ajustarse a los valores del grupo puede generar una validación social intensa, pero también una barrera que dificulta el diálogo con perspectivas divergentes.

La transición al tribalismo digital

El *woke*, inicialmente un movimiento de justicia social coherente, se fusionó con las dinámicas digitales de las redes sociales. Esta transición dio lugar a un tribalismo digital, donde la búsqueda de justicia se mezcla con dinámicas de poder, cancelación y polarización.

La viralización de la indignación: Las plataformas digitales amplificaron las emociones colectivas, haciendo del *woke* un movimiento altamente reactivo.

Fragmentación interna: A medida que el movimiento crecía, surgieron fricciones entre subgrupos con agendas específicas, desde el feminismo interseccional hasta la ecología radical.

Un estudio de Pew Research (2022) encontró que el 78 % de los usuarios de redes sociales consideran que la polarización ha aumentado en la última década debido al sesgo algorítmico y la sobreexposición a opiniones similares. Cuando las comunidades digitales se convierten en trincheras ideológicas, la mente de enjambre deja de ser un mecanismo de cohesión y se transforma en una barrera contra el pensamiento crítico.

Esta dinámica es comparable a lo que el psicólogo social Jonathan Haidt denomina 'tribalismo moral', donde el valor de una idea no se mide por su validez, sino por su aceptación dentro del grupo. En este contexto, disentir no es solo cuestionar una narrativa, sino desafiar la identidad del colectivo."

Dinámicas internas del movimiento Woke

Reglas en constante cambio

Una característica distintiva del *woke* es la fluidez de sus reglas internas, que evolucionan para adaptarse a nuevas sensibilidades y demandas sociales.

Flexibilidad como fortaleza y debilidad: Por un lado, esta adaptabilidad permite al movimiento mantenerse relevante. Por otro, genera confusión y ansiedad entre sus miembros, quienes deben estar constantemente al tanto de los cambios para evitar caer en errores.

– **Ejemplos concretos**: Palabras, símbolos y comportamientos que eran aceptables en un momento, son rechazados poco después, a menudo sin una transición clara, lo que deja a muchos individuos expuestos a la cancelación.

Pureza moral y cancelaciones

El *woke* opera bajo una lógica de pureza moral, donde la adhesión a los principios del grupo es evaluada constantemente. Esta dinámica ha dado lugar a las cancelaciones, donde figuras públicas o individuos comunes son excluidos por transgredir las normas del movimiento.

La cultura de la cancelación: Aunque inicialmente concebida como una forma de rendición de cuentas, la cancelación se ha convertido en un arma para silenciar la disidencia y reforzar la conformidad.

Impacto psicológico: El miedo a ser cancelado genera una autocensura generalizada, lo que limita el debate y empobrece la diversidad de ideas dentro del movimiento.

El movimiento *woke*, en su evolución, ha desarrollado una dinámica de redefinición constante de normas, lo que genera incertidumbre y presión para la conformidad.

Similitudes con religiones extremas

Dogmas y absolutismos

Al igual que las religiones extremas, el *woke* establece dogmas que deben ser aceptados sin cuestionamiento. Estas creencias absolutas no permiten matices, dividiendo el mundo en buenos y malos.

– **Ejemplos de dogmas modernos:** frases como "el silencio es complicidad" encapsulan estas demandas absolutas, donde la falta de acción o alineación explícita se interpreta como una traición al grupo.

Excomunión y redención

El *woke* utiliza dinámicas de excomunión similares a las de las religiones extremas, donde los transgresores son castigados públicamente. Sin embargo, también ofrece posibilidades de redención, siempre y cuando el individuo se someta a los rituales de disculpa y rectificación pública.

El proceso de redención: la redención, aunque posible, suele estar condicionada a una aceptación incondicional de las normas del grupo, lo que refuerza su poder sobre el individuo.

Paralelismos históricos: estas dinámicas recuerdan a los rituales de confesión y penitencia en religiones extremas, donde la salvación depende de la subordinación total al colectivo.

Impacto en la sociedad

¿Movimiento transitorio o tendencia duradera?

La influencia del *woke* en la sociedad plantea preguntas sobre su longevidad y su capacidad para generar cambios estructurales.

Factores que apuntan a la permanencia

Su capacidad para adaptarse y abarcar múltiples causas lo posiciona como un movimiento flexible y resiliente.

La integración de sus principios en políticas corporativas y educativas refuerza su influencia.

Factores que sugieren su transitoriedad

Las tensiones internas y las contradicciones inherentes pueden debilitar su cohesión.

La creciente resistencia contra la cultura de la cancelación podría limitar su expansión.

Contribuciones y desafíos

El *woke* ha logrado visibilizar problemas sociales que durante décadas fueron ignorados, como el racismo sistémico y las inequidades de género. Sin embargo, su enfoque altamente polarizador también ha exacerbado divisiones sociales, cuestionado valores y principios cristianos occidentales y limitado el diálogo constructivo.

Impacto positivo: la capacidad del movimiento para movilizar a millones de personas y generar cambios inmediatos en políticas públicas es innegable.

Efectos negativos: la intolerancia hacia la disidencia y la imposición de una moral única han generado un ambiente de tensión y censura, que a menudo impide la resolución de los problemas que busca abordar.

Reflexiones
Aprendiendo del movimiento woke

El *woke* es tanto una advertencia como una lección sobre el poder y los límites de los movimientos colectivos. Su capacidad para transformar narrativas y exponer injusticias lo posiciona como un actor clave en la historia contemporánea. Sin embargo, su evolución hacia el tribalismo digital y su similitud con religiones extremas plantean desafíos significativos para la convivencia social.

El tribalismo digital ocurre cuando los usuarios forman comunidades cerradas en redes sociales, excluyendo ideas contrarias y reforzando su propia visión del mundo.

Para aprovechar los aspectos positivos del *woke* y mitigar sus efectos negativos, es esencial fomentar un espacio donde la justicia social coexista con el pensamiento crítico y la libertad de expresión. Solo a través de un equilibrio entre la conexión colectiva y la autonomía individual será posible construir un futuro más inclusivo y equitativo.

El movimiento *woke* surgió como una lucha legítima por la justicia social, pero con el tiempo adquirió dinámicas de tribalismo digital, donde la búsqueda de equidad convive con la exclusión y la cancelación.

Una de sus características es la constante redefinición de sus reglas, lo que genera ansiedad y obliga a sus miembros a estar siempre alerta. También promueve la pureza moral, castigando a quienes no cumplen con los estándares del grupo.

Sus similitudes con religiones extremas incluyen dogmas incuestionables y mecanismos de excomunión y redención pública. Si bien ha generado avances en representación y equidad, también ha contribuido a la polarización y al debilitamiento del debate crítico.

Capítulo 5
La psicología del pensamiento de colmena

La mente colectiva en acción

La psicología del pensamiento de colmena, revela un conjunto de mecanismos psicológicos que permiten a los individuos, aun sin ser conscientes de ello, someterse a las dinámicas grupales que gobiernan la mente de enjambre.

Estos mecanismos, como la señalización de virtud y la reducción de disonancia cognitiva, explican cómo las comunidades pueden transformar comportamientos irracionales en normas colectivas aceptadas.

Exploraremos cómo estos procesos influyen en el desempeño social y personal, qué lleva a los individuos a aceptar reglas aparentemente absurdas y los costos individuales y colectivos de participar en estas dinámicas.

Mecanismos psicológicos de la mente de colmena

Señalización de virtud: La necesidad de mostrarse moralmente correcto

La *señalización de la virtud* es un comportamiento en el que las personas expresan públicamente opiniones o acciones moralmente aceptables para obtener reconocimiento dentro del grupo. Este mecanismo refuerza la cohesión del colectivo, al tiempo que proporciona a los individuos un sentido de pertenencia y validación.

Funcionamiento interno: En la mente de enjambre, la señalización de virtud actúa como una moneda social. Expresar apoyo a las causas del grupo, a menudo de manera exagerada, permite a los individuos destacar como miembros leales y moralmente superiores.

- **Ejemplo contemporáneo**: Publicar en redes sociales hashtags como #Lgbt+ o #Feminismo no siempre implica un compromiso real con la causa, pero ofrece una señal visible de alineación moral.

Reducción de la disonancia cognitiva en el grupo

La disonancia cognitiva surge cuando los valores o creencias personales entran en conflicto con las normas del colectivo. Para resolver esta tensión, los individuos ajustan sus pensamientos o comportamientos para alinearse con el grupo.

Procesos adaptativos: En lugar de cuestionar al grupo, los miembros racionalizan sus decisiones y se convencen de que el colectivo tiene razón.

Efecto en la psicología individual: La reducción de la disonancia fortalece la lealtad grupal, pero a menudo a costa de la autonomía personal y la lógica.

Desempeño social y personal: la influencia del grupo

Aceptación de reglas absurdas

El fenómeno de aceptar normas ilógicas o extremas dentro de la mente de enjambre se explica por la presión social y la necesidad de pertenencia.

El deseo de conformidad: Los seres humanos tienen una inclinación natural a evitar la exclusión social. En la mente de colmena, esto significa aceptar incluso las reglas más arbitrarias para garantizar su lugar dentro del grupo.

Efecto de las reglas cambiantes: Como expresamos anteriormente, las normas en estos colectivos son volátiles. Esto obliga a los individuos a permanecer en constante alerta, adaptándose rápidamente para evitar ser excluidos.

Validación emocional en redes sociales

La validación emocional se convierte en un motor fundamental en la mente de enjambre, donde los "me gusta", comentarios y compartidos refuerzan la alineación con las expectativas del grupo.

Recompensa inmediata: las interacciones digitales actúan como una retroalimentación instantánea, reforzando las decisiones emocionales y disminuyendo el pensamiento crítico.

El papel de los algoritmos: las plataformas digitales priorizan el contenido que genera interacción emocional, creando un ciclo donde las narrativas extremas reciben mayor validación.

Un experimento realizado por el MIT en 2018 reveló que las noticias falsas se difunden en Twitter seis veces más rápido que las verdaderas. Esto se debe a que la información diseñada para generar indignación y emoción negativa obtiene más interacciones y, por ende, es amplificada por los algoritmos.

El costo individual y colectivo

Pérdida de pensamiento crítico y autonomía

La subordinación a la mente de enjambre afecta directamente la capacidad de las personas para pensar de manera crítica. A medida que los individuos priorizan la aceptación grupal sobre sus propias creencias, se debilita su autonomía intelectual.

Consecuencias individuales

- **Autocensura:** los individuos evitan expresar opiniones contrarias al grupo por miedo al rechazo o la cancelación.
- **Desgaste emocional:** el esfuerzo constante por alinearse con las normas del colectivo genera estrés y ansiedad.
- **Impacto en la creatividad y la innovación**: la uniformidad de pensamiento dentro de la mente de colmena limita la diversidad de ideas y, por ende, el progreso.

Fragmentación social y polarización ideológica

A nivel colectivo, la mente de enjambre contribuye a la fragmentación social, dividiendo a las comunidades en tribus ideológicas que compiten entre sí.

La construcción de "enemigos": la mente de enjambre opera con una lógica de "nosotros contra ellos", exacerbando las tensiones entre diferentes grupos sociales.

Polarización y radicalización: la falta de espacios para el diálogo constructivo refuerza las posturas extremas, creando un entorno donde las diferencias ideológicas se convierten en barreras insuperables.

Reflexiones
Recuperando el pensamiento crítico

La psicología del pensamiento de colmena, revela tanto la complejidad como los peligros de la mente de enjambre. Si bien estos mecanismos psicológicos pueden fortalecer la cohesión social, también conllevan riesgos significativos para el individuo y la sociedad.

- **Fortalecer la autonomía intelectual**: fomentar habilidades de pensamiento crítico desde una edad temprana es esencial para resistir la presión del grupo.
- **Reevaluar el papel de las redes sociales**: las plataformas digitales deben ser reformadas para priorizar el contenido que fomente el diálogo y la reflexión, en lugar de amplificar las emociones colectivas.
- **Promover comunidades inclusivas y diversas**: la solución no radica en eliminar el pensamiento colectivo, sino en construir comunidades que valoren tanto la conexión grupal como la individualidad.

La mente de enjambre es un fenómeno que no puede ser ignorado. Al comprender su psicología, podemos desarrollar estrategias para navegar sus dinámicas con mayor claridad y responsabilidad, equilibrando los beneficios de la colectividad con la necesidad de preservar nuestra humanidad.

La mente de enjambre opera a través de mecanismos psicológicos que refuerzan la conformidad, como la señalización de virtud (mostrar apoyo público a una causa para obtener validación) y la reducción de disonancia cognitiva (adaptar creencias para alinearse con el grupo).

Los individuos aceptan normas ilógicas debido a la presión social, el miedo a la exclusión y la validación emocional que proporcionan las redes sociales. La recompensa inmediata de "likes" y comentarios refuerza la participación en dinámicas grupales.

Sin embargo, esta adhesión al grupo tiene costos como la pérdida del pensamiento crítico, la autocensura y el estrés emocional. A nivel colectivo, la mente de enjambre amplifica la polarización ideológica, dificultando el diálogo y fragmentando la sociedad.

Capítulo 6
Dinámicas de liderazgo y poder

El poder distribuido en la mente de enjambre

En el mundo interconectado, las formas tradicionales de liderazgo han dado paso a dinámicas descentralizadas que configuran cómo se movilizan los movimientos colectivos. Hashtags, algoritmos y figuras virales son los nuevos ejes de poder en un sistema que opera sin un centro definido, pero con una fuerza innegable.

Este capítulo analiza cómo estas herramientas moldean la mente de enjambre, cómo las plataformas digitales amplifican las dinámicas de pensamiento colectivo y si existe un propósito último detrás de estos movimientos.

El fenómeno del liderazgo digital y la influencia de los algoritmos ha sido ampliamente estudiado en los últimos años. Jonathan Haidt, en su obra *The Coddling of the American Mind* (2018), advierte que el auge de las redes sociales ha transformado la opinión pública en un sistema de refuerzo inmediato donde el contenido más emocional y polarizador es el que se viraliza con mayor facilidad.

Del mismo modo, Bauman en *Modernidad Líquida* (2000) enfatiza que las identidades colectivas en la era digital son extremadamente volátiles, moldeadas por el flujo de información y la necesidad de validación constante.

Estas investigaciones refuerzan la idea de que la mente de enjambre no es solo un efecto de la conectividad digital, sino un mecanismo social amplificado por la tecnología, donde los incentivos del sistema premian la reacción rápida sobre la reflexión profunda.

Liderazgo descentralizado: hashtags, figuras virales y algoritmos

Los algoritmos de redes sociales, lejos de ser simples herramientas neutrales, han adquirido un rol invisible pero determinante en la consolidación de la mente de enjambre. Plataformas como YouTube y X utilizan sistemas de inteligencia artificial que optimizan la entrega de contenido según la emocionalidad del usuario, reforzando sus sesgos y aislándolo en burbujas informativas.

Estudios recientes han demostrado que un usuario promedio expuesto a contenido polarizante puede radicalizar sus opiniones en menos de dos semanas, sin siquiera notar el cambio progresivo en su percepción de la realidad.

Un estudio de Facebook reveló que en 2018 realizaron experimentos para modificar el tipo de contenido que los usuarios veían en su *feed*, generando cambios detectables en sus opiniones políticas en solo seis semanas. Este experimento confirma que la mente de enjambre no es solo un fenómeno social espontáneo, sino un proceso dirigido en el que las grandes corporaciones digitales tienen un papel protagónico.

La pregunta que surge es inevitable: ¿quién controla realmente nuestras narrativas? ¿Hasta qué punto la autonomía del pensamiento es una ilusión en la era de los algoritmos invisibles?

Investigaciones recientes han demostrado que los algoritmos de redes sociales no solo reflejan nuestras preferencias, sino que también las modelan. Un estudio del MIT reveló que los usuarios expuestos a contenido polarizante en X mostraban un aumento en la radicalización de sus opiniones después de solo 30 días. Esto sugiere que el diseño de estas plataformas refuerza la mente de enjambre, creando ciclos de retroalimentación que intensifican la polarización.

Al comprender cómo operan estos sistemas, los usuarios pueden desarrollar estrategias para contrarrestar su impacto, como desactivar recomendaciones personalizadas, seguir fuentes diversas y practicar el pensamiento crítico en la evaluación de la información digital.

La influencia de los hashtags

En la mente de enjambre, los hashtags se convierten en una forma de liderazgo simbólico que une a individuos en torno a una causa común. Funcionan como puntos focales que condensan mensajes, emociones y llamados a la acción en un espacio limitado.

- **Ejemplo de cohesión:** movimientos como #YoSITeCreo o #AbortoLegalYa han demostrado cómo un simple hashtag puede reunir a miles de personas en torno a una narrativa compartida, incluso si no existe una figura central que dirija la acción.

Evolución del mensaje: los *hashtags* también permiten una reinterpretación constante de las causas, adaptándose a nuevas demandas y contextos sin perder su relevancia.

El papel de las figuras virales

Aunque la mente de enjambre carece de líderes tradicionales, las figuras virales actúan como catalizadores emocionales. Estas personas no necesariamente son activistas o líderes formales, pero sus palabras, acciones o imágenes logran encapsular el espíritu del colectivo.

Características de las figuras virales: su atractivo radica en su autenticidad percibida, su capacidad para evocar emociones intensas y su conexión con los valores del grupo.

– **Ejemplo contemporáneo**: activistas como Greta Thunberg o *influencers* accidentales han ocupado este papel, movilizando masas sin estructuras organizativas tradicionales.

El liderazgo algorítmico

En un entorno dominado por plataformas digitales, los algoritmos desempeñan un rol central al priorizar ciertos contenidos y silenciar otros. Aunque no son conscientes ni tienen intenciones propias, actúan como líderes invisibles que determinan qué narrativas alcanzan mayor visibilidad.

Impacto en la mente de enjambre: los algoritmos amplifican las emociones más intensas, como la ira o la indignación, fortaleciendo la cohesión grupal pero también polarizando las discusiones.

Círculos de retroalimentación: al personalizar el contenido, los algoritmos refuerzan las creencias pre-existentes, limitando el acceso a perspectivas diversas y consolidando burbujas ideológicas.

A medida que los algoritmos adquieren mayor influencia en la mente de enjambre, surgen preguntas sobre su regulación y uso ético. ¿Deberían existir mecanismos para mitigar la polarización digital? ¿Cómo evitar que actores políticos o corporativos exploten estos sistemas para manipular narrativas colectivas? Estas cuestiones definirán el futuro de la autonomía individual en un mundo cada vez más controlado por inteligencias artificiales.

Los usuarios expuestos a contenido polarizante en Twitter radicalizan sus opiniones en menos de 30 días. Este fenómeno no es aleatorio: los algoritmos diseñados para maximizar la interacción tienden a priorizar contenido emocionalmente intenso, generando burbujas ideológicas.

Al comprender cómo operan estos sistemas, los usuarios pueden desarrollar estrategias para contrarrestar su impacto, como desactivar recomendaciones personalizadas, seguir fuentes diversas y practicar el pensamiento crítico en la evaluación de la información digital

El rol de las plataformas digitales

Amplificación de dinámicas colectivas

Las plataformas digitales no solo facilitan la comunicación, sino que también amplifican las dinámicas de enjambre al ofrecer un espacio donde las emociones colectivas pueden propagarse rápidamente.

Viralidad como herramienta de poder: las redes sociales priorizan el contenido que genera interacción, lo que significa que las publicaciones más emocionales o conflictivas tienden a dominar.

Conexión global instantánea: las plataformas eliminan las barreras geográficas, permitiendo que movimientos locales se conviertan en fenómenos globales en cuestión de horas.

La ilusión de consenso

Las plataformas digitales crean una sensación de unanimidad que no siempre refleja la realidad.

Sesgo de amplificación: las opiniones más populares o extremas suelen recibir más visibilidad, creando la ilusión de que representan a la mayoría.

Efecto cascada: a medida que más personas adoptan una narrativa, otras se suman por miedo a quedarse fuera o por la presión social implícita.

El costo de la polarización

Si bien las redes sociales facilitan la organización de movimientos, también contribuyen a la fragmentación social al reforzar divisiones ideológicas.

Burbujas informativas: las plataformas filtran el contenido en función de las preferencias del usuario, limitando el acceso a puntos de vista opuestos.

Cultura de la cancelación: al amplificar los errores o transgresiones percibidas, las redes sociales fomentan dinámicas de exclusión y represalia.

La inteligencia artificial como amplificador del enjambre

Las plataformas digitales no solo reflejan la mente de enjambre, sino que también la moldean y amplifican. Algoritmos de recomendación en plataformas como YouTube, TikTok y Twitter utilizan modelos de aprendizaje automático para predecir y reforzar comportamientos grupales.

Un estudio de Mozilla (2021) demostró que los algoritmos de YouTube promovían contenido más radical a los usuarios que ya consumían videos polarizantes. En muchos casos, estos usuarios no buscaban material extremo, pero el sistema identificaba patrones de engagement y optimizaba la entrega de contenido para aumentar el tiempo de visualización.

En otras palabras, la inteligencia artificial no solo sigue las tendencias de la mente de enjambre, sino que también las acelera y las endurece, reduciendo la exposición a opiniones disidentes.

Mente de Enjambre en la Historia	Mente de Enjambre en la Era Digital
Requiere líderes carismáticos y estructuras físicas	Se basa en influencers, tendencias y algoritmos
Evoluciona lentamente en función de la cultura y el tiempo	Puede cambiar radicalmente en cuestión de días
Se propaga por reuniones, discursos y textos escritos	Se difunde a través de redes sociales y viralidad digital
Castiga la disidencia mediante exilio o represalias físicas	Castiga la disidencia mediante cancelación social y aislamiento digital

¿Existe un propósito detrás de la mente de enjambre?

Movimientos espontáneos vs. orquestados

Uno de los debates centrales sobre la mente de enjambre es si sus movimientos surgen de manera orgánica o si son dirigidos por intereses específicos.

Espontaneidad: muchos movimientos parecen surgir de manera espontánea, impulsados por emociones colectivas y catalizadores circunstanciales.

Orquestación: sin embargo, en algunos casos, actores con agendas específicas aprovechan estas dinámicas para dirigir la atención hacia ciertos objetivos.

La falta de un fin último
La mente de enjambre carece de una meta clara y unificada. A menudo, sus acciones son reactivas, respondiendo a eventos inmediatos en lugar de perseguir objetivos a largo plazo.

- **Ventaja de la flexibilidad**: esta falta de propósito permite que el colectivo se adapte rápidamente a nuevas circunstancias, manteniéndose relevante.
- **Desventaja de la inconsistencia**: sin un fin claro, los movimientos pueden fragmentarse o perder impulso, dejando a los participantes desilusionados.

Reflexiones
Navegando el poder descentralizado

La mente de enjambre, con su liderazgo descentralizado y su dependencia de las plataformas digitales, representa un cambio profundo en cómo se ejerce y distribuye el poder en la sociedad contemporánea. Este modelo, aunque poderoso, también plantea desafíos significativos para la cohesión social y el pensamiento crítico.

- **La importancia de la transparencia**: es esencial comprender cómo funcionan los algoritmos y cómo influyen en las narrativas colectivas, para evitar caer en manipulaciones.
- **Fomentar la autonomía individual**: aunque las dinámicas de enjambre pueden ser útiles para movilizarse, es crucial que los individuos mantengan su capacidad de reflexionar críticamente y tomar decisiones informadas.
- **Redefinir el liderazgo**: en un mundo donde el poder está cada vez más distribuido, debemos reevaluar cómo entendemos el liderazgo y cómo podemos aprovechar estas nuevas dinámicas para el bien común.

En última instancia, la mente de enjambre no es ni buena ni mala por sí misma. Su impacto depende de cómo la entendamos y utilicemos, tanto como individuos como sociedad. Al hacerlo, podemos aprovechar su capacidad para conectar a las personas y movilizar el cambio, sin perder de vista la necesidad de preservar nuestra diversidad y humanidad.

En la mente de enjambre, el liderazgo no es tradicional; en su lugar, hashtags, figuras virales y algoritmos dictan la dirección del colectivo. Estas herramientas amplifican narrativas, moldeando la opinión pública en cuestión de horas.

Las plataformas digitales juegan un papel crucial, priorizando contenido altamente emocional y generando la ilusión de consenso. Esto fortalece la cohesión grupal, pero también limita la diversidad de pensamiento.

Si bien algunos movimientos parecen espontáneos, otros son manipulados por actores con agendas específicas. La mente de enjambre no tiene un propósito unificado, lo que la hace poderosa pero inconsistente.

Capítulo 7
La transición hacia la libertad del enjambre

Cuando el individuo se separa del colectivo

Abandonar la mente de enjambre es un proceso que implica no solo una ruptura con el colectivo, sino también una transformación profunda a nivel psicológico y social. Para los individuos que se separan de estas dinámicas, el camino está marcado por sentimientos de arrepentimiento, alienación y la ardua tarea de reconstruir su identidad.

Este capítulo explora lo que ocurre cuando un individuo deja una comunidad colectiva extrema, analiza los factores que pueden llevar a la disolución de la mente de enjambre y reflexiona sobre las aprendidas para evitar caer en estas dinámicas en el futuro.

Qué sucede cuando un individuo abandona la comunidad

Sentimientos de arrepentimiento y alienación
La salida de la mente de enjambre suele ir acompañada de un profundo arrepentimiento. Los individuos pueden mirar hacia atrás y cuestionar sus decisiones, reconociendo cómo la presión colectiva los llevó a actuar de maneras contrarias a sus valores personales.

Arrepentimiento por el daño causado: algunos ex miembros reflexionan sobre cómo contribuyeron a la exclusión de otros, sintiéndose responsables por dinámicas tóxicas como la cancelación o el ataque grupal.

Alienación del antiguo colectivo: abandonar el grupo implica enfrentarse al rechazo o la hostilidad de quienes alguna vez fueron aliados cercanos. Esta separación puede generar un profundo sentimiento de aislamiento.

Reconstrucción de identidad y pensamiento crítico

La separación del enjambre también representa una oportunidad para el crecimiento personal. Los individuos comienzan a reconstruir su identidad fuera del marco colectivo, desarrollando un pensamiento crítico que les permite reevaluar sus valores y creencias.

Recuperación de la autonomía: sin la presión constante del grupo, los ex miembros redescubren su capacidad para tomar decisiones independientes y reflexionar sobre sus acciones.

El desafío de redefinir la pertenencia: aunque la libertad es liberadora, muchos enfrentan el desafío de encontrar nuevos espacios de conexión que no impliquen una subordinación total al colectivo.

¿Es posible revertir la dinámica de la mente de enjambre?

Factores que llevan a la desintegración

Aunque la mente de enjambre puede parecer impenetrable, existen factores que pueden llevar a su desintegración. Estos incluyen tensiones internas, contradicciones ideológicas y el desgaste emocional de sus miembros.

- **Fricciones internas**: la constante redefinición de normas y la presión por demostrar pureza moral generan divisiones dentro del grupo, debilitando su cohesión.
- **Desgaste emocional colectivo**: los miembros pueden experimentar fatiga emocional debido a las expectativas constantes de lealtad y rendimiento, lo que lleva a una pérdida de compromiso.
- **Falta de propósito claro**: sin un objetivo definido a largo plazo, la mente de enjambre puede desmoronarse al no poder sostener la energía colectiva necesaria para mantenerse activa.

Ejemplos históricos de disolución de movimientos similares

La historia ofrece numerosos ejemplos de movimientos colectivos que se han disuelto, proporcionando lecciones sobre cómo las dinámicas de enjambre pueden colapsar.

- **Las cazas de brujas**: en Europa y América, las persecuciones colectivas terminaron cuando las autoridades comenzaron a cuestionar la validez de las acusaciones y la histeria colectiva se desvaneció.
- **Revoluciones ideológicas**: movimientos como la Revolución Francesa se fragmentaron debido a luchas internas y la imposibilidad de mantener una narrativa cohesiva.

- **Cultos y sectas extremas**: muchas sectas se han desintegrado cuando sus líderes perdieron credibilidad o cuando los miembros comenzaron a cuestionar las promesas incumplidas del grupo.

Cómo prevenir la caída en dinámicas de pensamiento colectivo extremas

Una de las formas más efectivas de evitar caer en la mente de enjambre es cultivar el pensamiento crítico desde una edad temprana. Esto implica enseñar a las personas a cuestionar las narrativas dominantes y a evaluar las dinámicas grupales con escepticismo saludable.

- **Educación mediática**: en un mundo dominado por las redes sociales, es esencial enseñar a las personas a identificar sesgos, noticias falsas y dinámicas de manipulación emocional.
- **Fortalecer la autoestima**: al fomentar un sentido sólido de autoestima, se reduce la necesidad de buscar validación externa en comunidades extremas.

Construir comunidades auténticas

La mente de enjambre prospera en un entorno de desconexión y fragmentación social. Reforzar las comunidades auténticas puede ofrecer un refugio frente a estas dinámicas tóxicas.

Espacios de diálogo abierto: crear espacios donde las personas puedan compartir ideas sin temor a ser canceladas o excluidas fomenta un sentido de pertenencia saludable.

Valoración de la diversidad: promover comunidades que celebren la diversidad de pensamientos y experiencias fortalece su resiliencia frente a las presiones de conformidad.

Reconocer los signos de advertencia

Es crucial estar alerta a las señales tempranas de que un colectivo puede estar evolucionando hacia una mente de enjambre.

Uniformidad excesiva: cuando un grupo comienza a exigir lealtad absoluta y elimina la disidencia, es una señal de alerta.

Emocionalidad extrema: la dependencia de narrativas cargadas emocionalmente puede indicar una falta de pensamiento crítico dentro del colectivo.

Estrategias para resistir el pensamiento de enjambre

Para evitar caer en dinámicas de pensamiento grupal extremas y fortalecer la autonomía intelectual, se pueden aplicar las siguientes estrategias:

6. **Duda antes de compartir información:** Pregunta si el contenido que ves ha sido verificado. Muchas narrativas emocionales están diseñadas para influir en tu juicio antes de que tengas oportunidad de analizar los hechos.

7. **Diversifica tus fuentes:** Evita depender de un solo medio o red social para informarte. Explorar diferentes perspectivas fortalece tu capacidad de razonamiento crítico.

8. **Cuestiona la emoción detrás del mensaje:** Si un contenido te genera una reacción fuerte (rabia, indignación, euforia), tómate un momento para reflexionar antes de reaccionar. ¿Estás actuando por convicción o por presión grupal?

9. **Fomenta el debate sano:** Conversa con personas que piensan diferente sin asumir que están equivocadas. Aprender a debatir sin demonizar a la otra parte ayuda a escapar de burbujas ideológicas.

10. **Desconéctate temporalmente:** Si notas que una discusión en redes sociales te consume psicológicamente, aléjate un momento. La mente de enjambre prospera en la reacción inmediata, pero las mejores reflexiones surgen con el tiempo y la distancia.

Reflexiones
El equilibrio entre conexión y autonomía

El proceso de salir de la mente de enjambre y evitar caer en sus dinámicas extremas requiere un equilibrio constante entre nuestra necesidad de conexión colectiva y nuestra capacidad para mantener la autonomía individual. Aunque las comunidades son esenciales para nuestra identidad y bienestar, debemos aprender a participar en ellas de manera consciente y crítica.

La transición fuera del enjambre no solo es un desafío personal, sino también una oportunidad para construir una sociedad más resiliente y equilibrada. Al reflexionar sobre las lecciones del pasado y aplicar estrategias para fortalecer nuestra autonomía, podemos navegar las complejidades del pensamiento colectivo sin perder nuestra humanidad.

Salir de la mente de enjambre implica enfrentar arrepentimiento, alienación y una reconstrucción de identidad. Muchos ex miembros experimentan rechazo por parte del grupo, pero también recuperan su autonomía y pensamiento crítico.

A pesar de su aparente solidez, la mente de enjambre puede desintegrarse debido a tensiones internas, contradicciones ideológicas y el desgaste emocional de sus miembros. Históricamente, muchas dinámicas de enjambre han colapsado cuando sus estructuras de poder se han debilitado.

Para evitar caer en estas dinámicas, es esencial fortalecer el pensamiento crítico, fomentar la autoestima y construir comunidades que valoren tanto la conexión colectiva como la diversidad individual.

Capítulo 8
La mente de enjambre en el futuro

Un futuro moldeado por la colectividad

El pensamiento de enjambre no solo define el presente, sino que también proyecta un esquema para comprender el rumbo que tomará la sociedad en los años venideros. A medida que nuevos movimientos sociales emergen, la inteligencia artificial y los algoritmos más sofisticados prometen profundizar la conectividad y la polarización.

Este capítulo explora las tendencias emergentes que reflejan la evolución de la mente de enjambre, los posibles escenarios que enfrentará la sociedad y las oportunidades para transformar la interconexión en una herramienta de resiliencia y pensamiento crítico.

Tendencias emergentes:
El renacimiento del enjambre

Nuevos movimientos sociales y sus similitudes con el woke

El movimiento *woke* ha sentado las bases para que nuevas formas de activismo colectivo surjan en la era digital. Estos movimientos adoptan características similares, como la centralidad de las redes sociales, la movilización rápida y la dependencia de narrativas emocionales.

- **Ejemplos contemporáneos**: movimientos ambientales como Rebelión contra extinción o el auge de campañas globales de derechos humanos reflejan patrones similares al *woke*, adaptando su enfoque a nuevos problemas sociales y tecnológicos.

Evolución de las demandas: mientras el *woke* original se enfocaba en justicia social y racial, estos nuevos movimientos abarcan temas como la crisis climática, la ética en inteligencia artificial y los derechos digitales.

El impacto de la inteligencia artificial y algoritmos más sofisticados

La inteligencia artificial (IA) se está convirtiendo en un catalizador para la mente de enjambre, moldeando cómo se propagan las ideas y cómo interactúan las comunidades.

- **Creación de ecosistemas ideológicos**: los algoritmos de recomendación generan burbujas informativas que refuerzan las creencias de los usuarios, intensificando la cohesión y la polarización.
- **La IA como líder invisible**: herramientas como los modelos generativos de texto y video tienen la capacidad de crear narrativas convincentes, fomentando percepciones colectivas que pueden amplificar o fragmentar los movimientos sociales.
- **Riesgos de manipulación**: los actores políticos y económicos pueden utilizar estas herramien-

tas para influir en las masas, explotando la mente de enjambre para servir a intereses específicos.

¿Hacia dónde nos dirigimos?: posibles escenarios

Mayor fragmentación social

La aceleración de las dinámicas de enjambre puede llevar a una sociedad dividida en múltiples tribus digitales que compiten entre sí por influencia y recursos simbólicos.

- **Efectos en la cohesión social**: las comunidades pueden volverse tan cerradas y polarizadas que el diálogo entre diferentes grupos se vuelva imposible, exacerbando los conflictos ideológicos.
- **Sociedad atomizada**: la fragmentación puede resultar en una pérdida de solidaridad generalizada, donde las personas prioricen su lealtad a la tribu sobre el bienestar colectivo.

Nuevas formas de comunidad

Por otro lado, la tecnología también tiene el potencial de facilitar comunidades más inclusivas y cooperativas, basadas en intereses compartidos en lugar de divisiones ideológicas.

- **Comunidades globales**: las plataformas digitales podrían evolucionar para conectar a personas con valores y objetivos comunes, superando barreras geográficas y culturales.

- **Uso ético de la IA**: si se diseñan adecuadamente, los algoritmos pueden promover el pensamiento crítico, la diversidad de perspectivas y el diálogo constructivo.

Oportunidades para la sociedad: construir un futuro resiliente

Fomentar el pensamiento crítico

El pensamiento crítico es el antídoto más poderoso contra las dinámicas tóxicas de la mente de enjambre. Al educar a las personas para cuestionar las narrativas dominantes y analizar las fuentes de información, se puede mitigar la influencia de las reacciones colectivas.

- **Educación mediática**: integrar la alfabetización digital y mediática en los sistemas educativos es esencial para preparar a las generaciones futuras para navegar un entorno saturado de información.
- **Promoción de la autonomía intelectual**: invertir en programas que fomenten la reflexión personal y la capacidad de toma de decisiones informadas.

Diseñar plataformas digitales responsables

Las empresas tecnológicas tienen una responsabilidad fundamental para moldear el impacto de las redes sociales y los algoritmos en la sociedad.

- **Transparencia algorítmica**: los usuarios deben tener acceso a información sobre cómo se prioriza el contenido en sus plataformas, fomentando un uso más consciente.
- **Espacios para el diálogo**: crear entornos digitales que incentiven la conversación respetuosa y la colaboración en lugar de la confrontación.

Reforzar comunidades híbridas

Las comunidades que combinan interacciones en línea y fuera de línea tienen el potencial de equilibrar los beneficios de la conexión digital con la profundidad de las relaciones humanas.

- **Redes de apoyo locales**: fomentar conexiones comunitarias locales puede ofrecer un contrapeso frente a las dinámicas globales de enjambre.
- **Proyectos colaborativos**: incentivar iniciativas que involucren a personas de diferentes grupos para trabajar juntas en objetivos comunes, desde problemas ambientales hasta proyectos educativos.

Reflexiones
Hacia una mente de enjambre consciente

El futuro de la mente de enjambre no está predeterminado. Aunque plantea riesgos significativos, también ofrece oportunidades únicas para movilizar a las personas en torno a causas comunes y transformar la sociedad. Sin embargo, esto requiere un esfuerzo colectivo para equilibrar la interconexión con la autonomía, las reacciones con la razón y la pertenencia con la diversidad.

Al final, el desafío no es eliminar la mente de enjambre, sino evolucionarla. Transformarla en una herramienta que refuerce la resiliencia colectiva sin sacrificar la individualidad será clave para enfrentar los desafíos de un mundo cada vez más complejo e interconectado.

La mente de enjambre seguirá evolucionando con la llegada de nuevos movimientos sociales, la inteligencia artificial y algoritmos más sofisticados. Estos elementos pueden amplificar tanto la cohesión como la polarización.

Existen dos escenarios posibles:

1. Mayor fragmentación social, con tribus digitales en constante conflicto.
2. Nuevas formas de comunidad, donde la tecnología facilite espacios de diálogo y colaboración.
3. Para construir un futuro resiliente, es clave fomentar el pensamiento crítico, diseñar plataformas digitales más responsables y fortalecer comunidades híbridas que combinen lo digital con interacciones reales.

Epílogo
Un llamado a la reflexión

Resistir la mente de enjambre no significa aislarse, sino aprender a pensar en un mundo donde la opinión colectiva presiona a cada instante. Tres acciones pueden marcar la diferencia:

1. Diversificar fuentes de información para escapar de la cámara de eco;
2. Practicar la pausa cognitiva antes de reaccionar ante una idea viral;
3. Recordar que el disenso informado es una forma de resistencia intelectual.

En tiempos donde la reacción es automática y la polarización es norma, la autonomía del pensamiento es el mayor acto de rebeldía.

En un mundo donde la información fluye sin filtros y las emociones colectivas dictan la agenda pública, el mayor acto de resistencia no es desconectarse, sino aprender a navegar la mente de enjambre con criterio propio.

La independencia intelectual no significa oponerse a la colectividad, sino desarrollar la capacidad de discernir cuándo una narrativa es legítima y cuándo es una construcción artificial de validación grupal. En este sentido, el desafío de nuestra era no es solo tecnológico o social, sino profundamente filosófico: ¿cómo mantenernos conectados sin perder nuestra esencia individual?

Cada vez que una persona elige cuestionar en lugar de reaccionar, cada vez que prefiere analizar antes de unirse a una tendencia viral, la mente de enjambre pierde parte de su poder.

Si hay una conclusión a extraer de este análisis, es que el futuro de la sociedad no está determinado por la tecnología, sino por la capacidad de los individuos para recuperar su autonomía en un entorno cada vez más diseñado para el pensamiento colectivo.

Aceptar la ambigüedad: una necesidad en la complejidad

Vivimos en un mundo donde la interconexión, la velocidad de la información y las narrativas colectivas nos exigen enfrentar una paradoja constante: la necesidad de encontrar significado en un entorno marcado por la ambigüedad y la incertidumbre. La mente de enjambre no es únicamente un fenómeno social, sino una manifestación de nuestras luchas internas por definirnos en medio de un mar de influencias externas.

Este epílogo busca reflexionar sobre cómo navegar esta realidad sin caer en tribalismos destructivos, cómo preservar la autonomía intelectual en una era de colectivismo y hacia dónde podría dirigirse la humanidad si aprendemos a equilibrar lo colectivo con lo individual.

La importancia de aceptar la ambigüedad

En una sociedad tan compleja como la actual, aceptar la ambigüedad no es solo un desafío, sino una virtud. La mente de enjambre, con su búsqueda constante de certezas colectivas, es un reflejo de nuestra resistencia a lidiar con la incertidumbre.

La lucha por el control narrativo

La necesidad de simplificar y categorizar el mundo a menudo lleva a la creación de dicotomías: buenos contras malos, nosotros contra ellos, verdad contra mentira. Sin embargo, esta simplificación ignora la riqueza y la complejidad de la experiencia humana.

- **El peligro de las certezas absolutas**: al aferrarnos a una sola narrativa, sacrificamos la diversidad de perspectivas y caemos en patrones de pensamiento rígidos que fomentan la polarización.
- **El valor de la duda**: la capacidad de cuestionar, de vivir en la incertidumbre, es fundamental para el crecimiento intelectual y reflexivo.

Cultivar la resiliencia ante la ambigüedad

Aceptar la ambigüedad implica desarrollar resiliencia frente a la falta de respuestas definitivas. Esto requiere un enfoque que combine introspección personal y apertura al diálogo colectivo.

- **Aprender a escuchar**: en lugar de apresurarnos a refutar o defender, debemos aprender a escuchar con empatía y curiosidad, especialmente a quienes piensan diferente.
- **Practicar la autorreflexión**: el crecimiento personal depende de nuestra disposición a cuestionar nuestras propias creencias y suposiciones.

Autonomía intelectual como antídoto para la mente de enjambre

La mente de enjambre prospera en un contexto donde la autonomía intelectual ha sido erosionada por la sobrecarga de información y la presión de conformidad grupal. Recuperar esta autonomía es crucial para resistir las dinámicas colectivas que amenazan con homogenizar el pensamiento.

El pensamiento crítico como herramienta esencial

El pensamiento crítico no es solo una habilidad, sino una forma de relacionarse con el mundo. Nos permite analizar, cuestionar y entender las dinámicas que moldean nuestras decisiones y acciones.

- **Desarrollar habilidades analíticas**: identificar sesgos, evaluar fuentes y reconocer narrativas manipuladoras son pasos fundamentales para preservar la independencia intelectual.
- **Promover el escepticismo saludable**: no se trata de desconfiar de todo, sino de mantener una actitud abierta pero cautelosa hacia la información y las ideas que consumimos.

Fortalecer la identidad personal

La autonomía intelectual también requiere un sentido sólido de identidad personal que no dependa exclusivamente de la validación externa.

- **Fomentar la autovaloración**: reconocer nuestro valor intrínseco nos protege contra la necesidad de pertenecer a toda costa.
- **Aceptar la imperfección**: liberarnos del perfeccionismo grupal nos permite navegar las expectativas colectivas con mayor autenticidad.
- **El futuro de la humanidad:** movimientos colectivos como oportunidades

La mente de enjambre no es intrínsecamente negativa. De hecho, su capacidad para movilizar a las personas y generar cambios significativos puede ser una fuerza positiva si se canaliza adecuadamente. El desafío es aprender a equilibrar las demandas colectivas con el respeto por la individualidad.

Posibles escenarios: fragmentación o evolución

El futuro de los movimientos colectivos dependerá de cómo respondamos a las tensiones entre lo colectivo y lo individual.

- **Fragmentación social**: si no se gestionan adecuadamente, las dinámicas de enjambre podrían profundizar las divisiones ideológicas y llevar a una mayor polarización.
- **Comunidades evolutivas**: por otro lado, estos movimientos podrían transformarse en comunidades que celebren la diversidad, fomenten el diálogo y promuevan un cambio inclusivo.

Aprender de las dinámicas pasadas

La historia está llena de ejemplos de movimientos que han oscilado entre el progreso y la opresión. Reflexionar sobre estos ciclos puede ofrecernos valiosas lecciones para evitar repetir errores.

- **Reconocer los patrones**: identificar las señales de tribalismo extremo puede ayudarnos a intervenir antes de que las dinámicas se vuelvan tóxicas.
- **Valorar la adaptabilidad**: los movimientos más sostenibles son aquellos que pueden evolucionar sin sacrificar su esencia.

Fomentar la resiliencia colectiva

La interconexión global ofrece oportunidades sin precedentes para construir una sociedad más resiliente y compasiva.

- **Rediseñar las plataformas digitales**: las herramientas tecnológicas deben ser orientadas hacia la colaboración y el diálogo, en lugar de la polarización.
- **Promover una educación integral**: preparar a las futuras generaciones para navegar la complejidad requiere un enfoque educativo que integre pensamiento crítico, empatía y alfabetización mediática.

Hacia una autonomía en la era de la hiperconectividad
No podemos evitar la mente de enjambre, pero sí

comprender su funcionamiento para no ser arrastrados por ella. La clave no está en desconectarse del mundo digital, sino en aprender a navegarlo con conciencia y criterio.

En un mundo donde la información es poder, la verdadera independencia no consiste en seguir la mayoría ni en oponerse por defecto, sino en pensar con autonomía.

Si algo ha demostrado la historia, es que la mente de enjambre no es invencible. Cada vez que alguien se detiene a cuestionar, a reflexionar y a desafiar la narrativa predominante, rompe el ciclo de pensamiento automático. En tiempos de sobrecarga informativa, pensar por uno mismo es el mayor acto de resistencia.

En un mundo donde la información fluye sin filtros y las reacciones colectivas dictan la agenda pública, el mayor acto de resistencia no es desconectarse, sino aprender a navegar la mente de enjambre con criterio propio.

La independencia intelectual no significa oponerse a la colectividad, sino desarrollar la capacidad de discernir cuándo una narrativa es legítima y cuándo es una construcción artificial de validación grupal. En este sentido, el desafío de nuestra era no es solo tecnológico o social, sino profundamente filosófico: ¿cómo mantenernos conectados sin perder nuestra esencia individual?

Cada vez que una persona elige cuestionar en lugar de reaccionar, cada vez que prefiere analizar antes de unirse a una tendencia viral, la mente de enjambre pierde parte de su poder. Si hay una conclusión a extraer de este análisis, es que el futuro de la sociedad no está determinado por la tecnología, sino por la capacidad de los individuos para recuperar su autonomía en un entorno cada vez más diseñado para el pensamiento colectivo.

La historia ha demostrado que el pensamiento colectivo puede ser un motor de cambio, pero también una fuerza devastadora cuando se convierte en dogma. No se trata de rechazar la mente de enjambre, sino de aprender a navegarla con inteligencia, sin perder la capacidad de cuestionar.

En una era donde el ruido y la indignación dominan, la verdadera independencia no está en gritar más fuerte que el resto, sino en tener la valentía de detenerse y pensar antes de actuar. En tiempos de certezas impuestas, la duda informada es el último bastión de la autonomía. Quien se atreve a desafiar la corriente, no solo mantiene su pensamiento libre, sino que abre el camino para que otros hagan lo mismo".

Reflexiones finales

Un llamado a la sociedad contemporánea
La mente de enjambre es tanto un reflejo de nuestras vulnerabilidades como una manifestación de nuestro potencial colectivo. Si bien puede ser una fuerza de destrucción y conformidad, también tiene el poder de inspirar solidaridad, cambio y progreso. La clave está en cómo elegimos relacionarnos con ella.

- **Equilibrar lo colectivo y lo individual**: el futuro de la humanidad depende de nuestra capacidad para encontrar un balance entre nuestra necesidad de conexión y nuestra responsabilidad como individuos pensantes.
- **Aceptar la complejidad**: en lugar de buscar respuestas fáciles, debemos aprender a navegar la ambigüedad con valentía y compasión.
- **Construir un mundo más consciente**: al fomentar la autonomía intelectual y el pensamiento crítico, podemos transformar la mente de enjambre en una herramienta para el bien común, preservando nuestra humanidad en un mundo cada vez más interconectado.

Esta publicación ha sido una exploración de las dinámicas colectivas que moldean nuestro presente y nuestro futuro. Ahora, la tarea de aplicar estas reflexiones a nuestras vidas queda en manos de cada uno de nosotros. En un mundo lleno de desafíos, recordar nuestra capacidad para pensar, cuestionar y conectar puede ser el primer paso hacia una sociedad más equilibrada y consciente.

Hacia una mente de enjambre consciente

El pensamiento de enjambre no es un fenómeno que debamos eliminar, sino comprender y manejar de manera inteligente. Como individuos, tenemos la responsabilidad de equilibrar nuestra necesidad de conexión con nuestra autonomía intelectual.

Si logramos cuestionar nuestras emociones antes de reaccionar, diversificar nuestras fuentes de información y fomentar el pensamiento crítico, podremos aprovechar las ventajas de la hiperconectividad sin caer en sus trampas.

La clave está en navegar entre lo colectivo y lo individual sin perder nuestra esencia como seres humanos conscientes y autónomos.

La mente de enjambre refleja tanto nuestras vulnerabilidades como nuestro potencial colectivo. Puede ser una fuerza de transformación positiva o un mecanismo de conformidad destructiva.

Para gestionarla adecuadamente reside en aceptar la ambigüedad, cultivar la autonomía intelectual y fomentar el pensamiento crítico. Debemos equilibrar la interconexión con la individualidad, evitando caer en dicotomías simplistas de "nosotros contra ellos".

El futuro de la mente de enjambre dependerá de cómo elegimos interactuar con ella, si la dejamos dominar nuestra percepción o la convertimos en una herramienta para el bien común.

Hacia una inteligencia colectiva consciente

Si bien la mente de enjambre puede parecer una fuerza incontrolable, los individuos aún conservan la capacidad de moldear su interacción con ella. En lugar de sucumbir a la automatización de pensamientos dictada por tendencias digitales, es posible fomentar hábitos que fortalezcan la autonomía intelectual.

Tres prácticas fundamentales para resistir la presión de la mente de enjambre son:

1. **Aprender a cuestionar la narrativa dominante:** Antes de aceptar cualquier tendencia masiva, es clave preguntarse: ¿Qué intereses pueden estar detrás? ¿Estoy reaccionando por convicción o por presión grupal?
2. **Diversificar fuentes de información:** No depender de un solo medio de comunicación o red social permite tener una visión más equilibrada y evitar caer en cámaras de eco.
3. **Practicar la pausa cognitiva:** Evitar responder de inmediato a información cargada de emoción ayuda a evaluar mejor el contenido antes de compartirlo o reaccionar impulsivamente.

Si la mente de enjambre es un producto de la interconectividad, también puede ser gestionada con consciencia y criterio. El desafío no es evitarla, sino aprender a navegarla sin perder identidad propia.

La mente de enjambre no desaparecerá, pero sí podemos aprender a navegarla de forma más consciente. Para ello, es fundamental desarrollar herramientas que mitiguen sus efectos negativos sin perder de vista su potencial transformador.

Estrategias para una Interacción más Consciente

- **Diversificación informativa:** Consumir contenido de fuentes diversas para evitar caer en cámaras de eco.
- **Pausa cognitiva:** Antes de compartir información viral, tomarse unos minutos para verificar su veracidad y contexto.
- **Cultivar la disidencia:** Crear espacios donde el debate y la opinión divergente sean valorados en lugar de censurados.
- **Alfabetización mediática:** Incluir en la educación herramientas para el análisis crítico de información y manipulación digital.

Si bien la mente de enjambre puede ser un arma de polarización, también tiene el potencial de convertirse en una herramienta de innovación y cambio social. La clave radica en comprender sus mecanismos y aprender a equilibrar la conexión colectiva con la autonomía individual.

Glosario de Términos Clave

Para facilitar la comprensión del texto, a continuación se presentan definiciones de algunos términos utilizados en la obra:

- **Señalización de virtud:** Expresión pública de apoyo a una causa con el objetivo de obtener validación social, en lugar de un compromiso genuino.
- **Validación emocional:** Proceso en el que una persona busca aprobación de un grupo para reforzar su identidad o creencias.
- **Polarización algorítmica:** Fenómeno en el que los algoritmos de redes sociales refuerzan puntos de vista extremos al priorizar contenido que genera mayor interacción.
- **Tribalismo digital:** Tendencia de los usuarios a agruparse en comunidades ideológicas homogéneas dentro de internet, excluyendo perspectivas contrarias.
- **Cámara de eco:** Situación en la que las personas solo están expuestas a opiniones similares a las suyas, lo que refuerza sesgos cognitivos y reduce el pensamiento crítico.
- **Cultura de la cancelación:** Dinámica en la que una persona es públicamente atacada o excluida por opiniónes o acciones percibidas como inaceptables por un grupo dominante.

- **Pensamiento de enjambre:** Fenómeno en el que individuos en una comunidad interconectada adoptan pensamientos y conductas colectivas, reaccionando de manera sincronizada y, a menudo, impulsiva.

- **Disonancia cognitiva:** Incomodidad psicológica que ocurre cuando una persona mantiene creencias contradictorias o recibe información que desafía sus convicciones previas.

- **Efecto bandwagon:** Tendencia de las personas a adoptar creencias o comportamientos porque otros lo están haciendo, sin un análisis crítico previo.

- **Efecto de arrastre moral:** Fenómeno en el que personas adoptan una postura moral extrema para alinearse con la mayoría y evitar la crítica social.

- **Narcisismo colectivo:** Creencia exagerada en la superioridad del propio grupo sobre los demás, generando rechazo hacia quienes piensan diferente.

- **Sesgo de conformidad:** Propensión a modificar la propia opinión o comportamiento para alinearse con la mayoría, incluso si esto contradice evidencias objetivas.

- **Indignación performativa:** Expresión de enojo o protesta con el fin de obtener reconocimiento social, más que por una preocupación genuina.

- **Gamificación del activismo:** Uso de dinámicas de juego (recompensas, *rankings*, validaciones sociales) en campañas ideológicas o activistas en redes sociales.
- **Manipulación de narrativa:** Estrategia en la que ciertos actores moldean el discurso público enfatizando aspectos específicos y omitiendo otros para dirigir la opinión colectiva.
- **Cultura de la victimización:** Tendencia a enmarcar conflictos en términos de opresores y víctimas, generando una mentalidad de enfrentamiento constante en redes sociales.
- **Economía de la atención:** Modelo en el que plataformas digitales diseñan contenido para maximizar la retención y *engagement* (cautividad-enganche) del usuario, explotando sus emociones.
- **Hipernormalización:** Situación en la que narrativas artificiales se vuelven predominantes en una sociedad, haciendo que las personas acepten como normales situaciones anómalas.
- **Efecto Streisand:** Fenómeno en el que los intentos de censurar información provocan una mayor difusión de la misma.
- **Psicopolítica digital:** Control y manipulación de las masas a través del uso estratégico de datos, percepciones y algoritmos en plataformas digitales.

Bibliografía y referencias

Bauman, Zygmunt. *Modernidad líquida.*

Frankl, Viktor. *El hombre en busca de sentido.*

Haidt, Jonathan. *The Righteous Mind: Why Good People Are Divided by Politics and Religion.*

Zuboff, Shoshana. *The Age of Surveillance Capitalism.*

Jung, Carl. *El hombre y sus símbolos.*

Kahneman, Daniel. *Thinking, Fast and Slow*: Para comprender los sesgos cognitivos que contribuyen al pensamiento grupal.

Girard, René. *El chivo expiatorio*: Reflexión sobre dinámicas de culpa y exclusión en comunidades.

Turkle, Sherry. *Alone Together*: Para explorar el impacto psicológico de las redes sociales.

Surowiecki, James. *The Wisdom of Crowds*: Sobre cómo funcionan las decisiones colectivas.

Lévy, Pierre. *La inteligencia colectiva*: Análisis opti-
mista del poder colectivo en la era digital.

Artículos académicos sobre tribalismo digital, psicología colectiva y redes sociales.